职业院校课程改革特色教材（汽车类

U0585550

新能源汽车概论

一体化教程

吴兴敏 区军华 李日成 吴杰 | 主编
苏畅 撒韶峰 黎敬东 陆明伟 | 副主编

人民邮电出版社
北 京

图书在版编目（ＣＩＰ）数据

新能源汽车概论一体化教程 / 吴兴敏等主编. -- 北京：人民邮电出版社，2021.1（2022.6重印）
职业院校课程改革特色教材. 汽车类
ISBN 978-7-115-52642-7

Ⅰ. ①新… Ⅱ. ①吴… Ⅲ. ①新能源－汽车－高等职业教育－教材 Ⅳ. ①U469.7

中国版本图书馆CIP数据核字(2019)第269091号

内 容 提 要

本书分 3 个项目，共 10 个学习任务，以图文结合的方式，详细介绍了纯电动汽车、混合动力汽车、燃料电池汽车、气体燃料发动机汽车、代用液体燃料发动机汽车、压缩空气汽车、太阳能汽车及二甲醚汽车的发展情况、基本结构与工作原理。

本书可作为职业院校汽车相关专业教材，也可作为汽车新技术培训参考教材和汽车维修企业技术人员的自学参考用书。

- ◆ 主　　编　吴兴敏　区军华　李日成　吴　杰
　　副主编　苏　畅　撒韶峰　黎敬东　陆明伟
　　责任编辑　王丽美
　　责任印制　马振武
- ◆ 人民邮电出版社出版发行　　北京市丰台区成寿寺路 11 号
　　邮编　100164　电子邮件　315@ptpress.com.cn
　　网址　https://www.ptpress.com.cn
　　涿州市京南印刷厂印刷
- ◆ 开本：787×1092　1/16
　　印张：10.25　　　　　　　　2021 年 1 月第 1 版
　　字数：245 千字　　　　　　2022 年 6 月河北第 2 次印刷

定价：36.00 元

读者服务热线：(010)81055256　印装质量热线：(010)81055316
反盗版热线：(010)81055315
广告经营许可证：京东市监广登字 20170147 号

前 言 　　　　　　　　　　　　FOREWORD

　　当今关于节能和环保的问题备受关注。生产和使用节能环保型汽车成为解决这些问题的重要途径之一。

　　新能源汽车的出现是革命性的突破，它是在传统汽车基础上进行的改进和革新，如新型变速系统、电驱动系统、储能系统等，这些系统总成之间存在复杂的耦合关系，使得在整车集成优化、控制、安全设计等诸多方面都面临巨大的挑战。新能源汽车具有多样性，它包含混合动力汽车、纯电动汽车、燃料电池汽车、代用液体燃料发动机汽车及其他新能源汽车等。庞大的新能源汽车体系是人类应对能源与环境危机的集体智慧的结晶。

　　随着新能源汽车的普及应用，汽车维修企业将面临新的技术挑战，职业院校承担起新能源汽车技术培训工作责无旁贷。由于目前适合职业教育教学的新能源汽车的教材短缺，所以本书作者在充分进行社会调研、查阅大量技术资料的基础上，完成了本书的编写。

　　本书共分 3 个项目，每个项目按具体的工作内容分为若干个学习任务，符合"任务驱动、行动导向"的教学模式要求。"任务"是教材的主体，是对基本实操技能的训练。每一个学习任务下设"任务引入""学习目标""相关知识学习"3 个模块。"任务引入"是对该学习任务来源的分析与引入；"学习目标"为相应学习任务的学习方向和应该达到的效果；"相关知识学习"为支撑"任务"所必需的理论基础。

　　本书共设 10 个学习任务，以图文结合的方式，详细介绍了纯电动汽车的种类、基本组成与工作原理、历史与现状、国内外主要品牌，以及纯电动汽车储能装置及蓄电池管理系统、驱动电机及其控制器、功率转换器、充电系统、变速器、制动助力与再生制动、电动空调系统、信息显示系统、冷却系统、整车控制器等典型应用技术的基本结构原理；混合动力汽车的组成、分类，各类型混合动力汽车工作模式，BAS、ISG 混合动力系统结构与工作原理；燃料电池及燃料电池发电系统结构原理，天然气汽车、氢发动机汽车、甲醇汽车、乙醇汽车、生物柴油汽车、压缩空气汽车、太阳能汽车、二甲醚汽车的典型技术等。

　　考虑到职业院校学生的知识基础、理解能力，以及目前汽车维修企业从事新能源汽车维修工作人员的技术和文化程度的差异，本书力求采用通俗易懂的语言描述（专业术语尽量采用了行业中通用的俗语），增强了本书作为维修技术参考学习资料的实用性。

　　本书配备了丰富的教学资源，如 PPT 课件、课程标准、教课计划、教学设计、题库及答案、实训工单及考核表等，读者可登录人邮教育社区（www.ryjiaoyu.com）下载。

　　书中内容和配套资源做上述规划后，既为学生自学提供了方便，同时也更有利于教师的讲授、辅导及考核，大大提高了本书的实用性。

　　本书由辽宁省交通高等专科学校吴兴敏、广西商贸高级技工学校区军华、南宁市武鸣区职业技术学校李日成、横县职业教育中心吴杰任主编，重庆市渝中职业教育中心苏畅、重庆市黔江区民族职业教育中心撒韶峰、河池市职业教育中心学校黎敬东、广西商贸高级技工学校陆明伟任副主编。参与本书编写工作的其他人员有南宁市武鸣区职业技术学校梁新宁、卢海瑶，广西商贸高级技工学校黎禄成，辽宁省交通高等专科学校张成利、孙连伟、金雷、金艳秋、郭大民、任佳君、黄艳玲等，在此对他们为本书编写工作所付出的努力深表谢意。

　　由于新能源汽车技术的飞速发展，致使各厂家生产的新能源汽车技术设计差异很大，技术含量不尽相同，加之编者的水平有限，难免会有错漏及不足之处，希望读者不吝指正。

编者

2020年6月

目 录

CONTENTS

1

项目一
纯电动汽车

学习任务 1-1　纯电动汽车总体认识

【任务引入】

纯电动汽车是以动力电池的电能作为动力源，以驱动电机作为电能和机械能转换装置并驱动车轮行驶的汽车。纯电动汽车具有环保性能好、行驶平稳、乘坐舒适、操纵稳定性好及驾驶轻便等优点，受到越来越多人的喜爱，市场保有量快速递增。纯电动汽车的维修也已经成为汽车维修行业从业人员急需学习和掌握的重要技能。

汽车维修人员应该做到能够通过阅读纯电动汽车维修手册，并借助对实车的观察分析，掌握所维修纯电动汽车的类型及特点，以便正确制订和实施之后的维修计划。

本学习任务主要介绍纯电动汽车的特点及类型。

【学习目标】

1. 能够正确描述纯电动汽车与新能源汽车的关系。
2. 能够正确描述纯电动汽车的特点。
3. 能够正确描述纯电动汽车的类型。
4. 能够针对具体的纯电动汽车，通过观察，说明其类型及其结构特点。
5. 能够注意培养劳动保护、安全与环保意识和团队协作意识。

【相关知识学习】

一、新能源汽车概述

1. 新能源汽车发展背景

汽车产业技术未来发展趋势是低碳化，如图 1-1 所示。实现汽车低碳化的技术除了动力技术、传动技术、汽车制造技术之外，新能源技术也是关键技术之一，其对汽车低碳化发展起着不可或缺的作用。

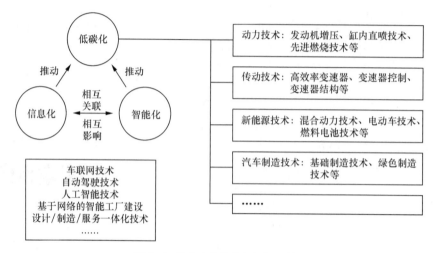

图1-1　汽车产业技术未来发展趋势

2. 新能源及新能源汽车的定义

（1）新能源

新能源又称非常规能源，是指除传统能源之外的各种能源形式，包括刚开始开发利用或正在积极研究、有待推广的能源，如太阳能、地热能、风能、海洋能、生物质能和核聚变能等。新能源越来越多地被用到风电产业、地热利用产业、沼气发电产业、生物质产业、太阳能光伏产业和新能源汽车产业。

（2）新能源汽车

通俗地讲，凡使用新能源作为汽车动力源的汽车统称为新能源汽车。我国2009年7月1日正式实施了《新能源汽车生产企业及产品准入管理规则》，其中明确指出：新能源汽车是指采用非常规的车用燃料作为动力来源（或使用常规的车用燃料、采用新型车载动力装置），综合车辆的动力控制和驱动方面的先进技术，形成的技术原理先进，具有新技术、新结构的汽车。

随着科学技术的发展，新能源汽车的定义和种类是不断变化的。

3. 新能源汽车的种类

《新能源汽车生产企业及产品准入管理规则》中述及的新能源汽车包括纯电动汽车、混合动力汽车、燃料电池汽车、氢发动机汽车、其他新能源（如太阳能、高效储能器、二甲醚）汽车等各类别产品。

在我国《节能与新能源汽车产业发展规划（2012—2020年）》中，新能源汽车包括纯电动汽车、插电式混合动力汽车和燃料电池汽车。新能源汽车的主要特征是采用新型动力系统，完全或主要依靠新能源驱动的汽车。

2017年1月6日，中华人民共和国工业和信息化部颁布的《新能源汽车生产企业及产品准入管理规定》中所指的新能源汽车，是指采用新型动力系统，完全或者主要依靠新型能源驱动的汽车，包括插电式混合动力（含增程式）汽车、纯电动汽车和燃料电池汽车等。

尽管有各种法规对新能源汽车作了规定，但就新能源汽车定义分析，新能源汽车应包括电动汽车、气体燃料发动机汽车、代用液体燃料发动机汽车三大类。

（1）电动汽车

电动汽车是指全部或部分采用电能驱动电机作为动力系统的汽车。电动汽车包括纯电动汽车、混合动力汽车（包括插电式混合动力汽车）、燃料电池汽车和其他电动类汽车（太阳能汽车、超级电容汽车等）。

①　纯电动汽车。纯电动汽车（BEV）是以车载电源为动力，用电机驱动车轮行驶，符合道路交通安全法规各项要求的车辆。

②　混合动力汽车。混合动力汽车（HEV）指能够至少从下述两类车载储存的能源中获得动力的汽车：一是可消耗的燃料；二是可再充电能/能量储存装置。

2003 年，联合国对混合动力汽车的定义是：为了推动车辆的革新，至少拥有两个能量转换器和两个能量储存系统的车辆。

国际电工委员会电动汽车技术委员会对混合动力汽车的定义为：有多于一种能量转换器提供驱动力的混合型电动汽车，即使用动力电池和副能量单元的电动汽车。副能量单元指的就是以某种燃料作为能源的原动机或者电机组。燃料主要包括柴油、汽油、液化石油气、液化天然气、乙醇等。原动机主要是内燃机及其他热机。

综合上述对混合动力汽车定义的描述，参考国际能源机构（IEA）有关文献，业内普遍认为，能量与功率传动路线具有如下特点的车辆称为混合动力车辆。

a. 传送到车轮推进车辆运动的能量，至少取自两种不同的能量转换装置（如内燃机、燃气涡轮、斯特林发动机、电机、燃料电池等）。

b. 能量转换装置至少要从两种不同的能量储存装置（例如燃油箱、动力电池、飞轮电池、超级电容、高压储氢罐等）吸取能量。

c. 能量从储能装置流向车轮的这些通道，至少有一条是可逆的（既可放出能量，也可吸收能量），并至少还有一条是不可逆的。

d. 可逆的储能装置供应的是电能。混合动力汽车的不可逆动力元件是发动机，储能元件是油箱；可逆的动力元件是电机，对应的储能元件是动力电池、超级电容、燃料电池等。

混合动力汽车包括汽油混合动力汽车和柴油混合动力汽车。目前国内市场上，混合动力汽车的主流是汽油混合动力汽车，而国际市场上柴油混合动力车型发展也较快。能够利用电网充电的混合动力汽车称为插电式混合动力汽车。

③　燃料电池汽车。燃料电池汽车是以燃料电池作为动力电源的汽车。

④　太阳能汽车。太阳能汽车是利用太阳能电池，将太阳能转换成电能以驱动车辆行驶的汽车。

⑤　超级电容汽车。超级电容汽车是以超级电容为主要储能装置，必要时将能量提供给动力电池，再由动力电池将电能提供给驱动电机以驱动车辆行驶的汽车。

（2）气体燃料发动机汽车

气体燃料发动机汽车是指使用气体燃料的汽车，包括代用气体燃料发动机汽车和氢发动机汽车。

汽车的代用气体燃料种类很多，常见的有天然气和液化石油气。代用气体燃料发动机汽车按气体燃料与液体燃料的混合情况分为专用气体燃料发动机汽车、两用燃料发动机汽车和双燃料发动机汽车 3 种；按气体存储形态和点燃方式分类，天然气汽车可分为压缩天然气汽车（CNGV）和液化天然气汽车（LNGV），CNGV 和 LNGV 又分点燃式和压燃式。

①　专用气体燃料发动机汽车。专用气体燃料发动机汽车是完全以天然气、液化石油气等气体为发动机燃料的汽车，如天然气汽车、液化石油气汽车等。这种汽车可充分发挥气体燃料的特点，价格低，污染少。

②　两用燃料发动机汽车。车辆具有两套相对独立的燃料供给系统，一套供给代用气体燃料，另一套供给常规燃料（主要指石化汽油、石化柴油），两套燃料供给系统可分别但不可共同向气缸供给燃料，这种汽车称为两用燃料发动机汽车，如汽油-压缩天然气两用燃料发动机汽车等。

　③ 双燃料发动机汽车。车辆具有两套燃料供给系统，一套供给代用气体燃料，另一套供给常规燃料，两套燃料供给系统按预定的配比向气缸供给燃料，在气缸内混合燃烧，这种汽车称为双燃料发动机汽车，如柴油/液化石油气双燃料发动机汽车等。

　④ 氢发动机汽车。氢发动机汽车是以氢气为发动机燃料的汽车。氢发动机在汽车上的应用方式也有 3 种，即纯氢发动机、氢/汽油双燃料发动机、氢/汽油混合燃料发动机。

　（3）代用液体燃料发动机汽车

　代用液体燃料发动机汽车指燃用传统燃料之外的液体燃料的汽车，包括生物燃料发动机汽车和煤制燃料发动机汽车两大类。

　① 生物燃料发动机汽车。生物燃料发动机汽车是指燃用生物燃料或燃用掺有生物燃料的汽车，包括乙醇燃料发动机汽车和生物柴油汽车等。

　② 煤制燃料发动机汽车。煤制燃料发动机汽车指使用以煤提取的燃料的汽车，主要包括装有点燃式 M85 甲醇汽油发动机、M15 甲醇汽油机（部分新能源）、压燃式二甲醚（DME）发动机、煤制汽油发动机、煤制柴油发动机的车辆。

二、纯电动汽车的种类

1. 按驱动系统组成和布置形式分类

　按照驱动系统的组成和布置形式，纯电动汽车分为机械传动型、无变速器型、无差速器型和电动轮型 4 种，如图 1-2 所示。

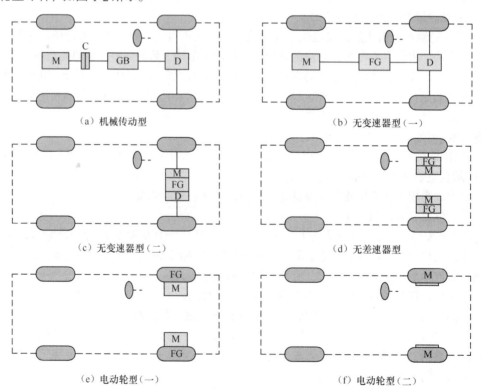

（a）机械传动型　　　　　　　　　　　　　（b）无变速器型（一）

（c）无变速器型（二）　　　　　　　　　　（d）无差速器型

（e）电动轮型（一）　　　　　　　　　　　（f）电动轮型（二）

图 1-2　纯电动汽车驱动系统布置形式

C—离合器；D—差速器；FG—固定速比减速器；GB—变速器；M—电机

（1）机械传动型驱动系统

机械传动型驱动系统的结构如图 1-2（a）所示，它是以燃油发动机汽车发动机前置、后轮驱动的结构为基础发展而来的，保留了燃油发动机汽车的传动系统，不同之处是把发动机换成了电机。这种结构可以确保纯电动汽车的起动转矩及低速时的后备功率，对驱动电机要求低，因此，可选择功率较小的电机。

电机输出的转矩经过离合器传递到变速器，利用变速器进行减速增扭后，经传动轴传递到主减速器，然后经过差速器的差速作用后，由半轴将动力传输至驱动轮驱动汽车行驶。

机械传动型驱动布置形式的工作原理类似于燃油发动机汽车，离合器用来接通或在必要时切断驱动电机到车轮之间的动力传递；变速器是一套能够提供不同速比的齿轮机构，驾驶人按照驾驶需要来选择不同的挡位而达到不同的减速增扭作用，使车辆在低速时获得大转矩，而高速时获得小转矩；驱动桥内的机械式差速器可以实现汽车转弯时左右车轮以不同的转速行驶，这一点与燃油发动机汽车相同。

这种结构形式纯电动汽车的变速器可相应简化，挡位数一般有 2 个就够了，不需要像燃油发动机汽车上的变速器那样设置多个挡位，并且无须设置倒挡，而是利用驱动电机的反转实现倒退行驶，因此其变速器相对简单。这种结构形式保留了燃油发动机汽车的变速器、传动轴、后桥和半轴等传动部件，省去了较多的设计工作，控制也相对容易，适于在原有燃油发动机汽车上进行改造。但是，由于电机至驱动轮之间的传动链较长，所以它的传动效率也相对较低，这也就降低了电机效率高的优点，但有利于研发人员集中精力进行电机及其控制系统的开发，所以早期的纯电动汽车开发常采用这种布置方式。

（2）无变速器型驱动系统

无变速器型驱动系统的一种结构如图 1-2（b）所示，该结构的最大特点是取消了离合器和变速器，采用固定速比减速器，通过控制电机来实现变速功能。这种结构的优点是机械传动装置的质量轻、体积小，但对电机的要求比较高，不仅要求具有较高的起动转矩，而且要求具有较大的后备功率，以保证纯电动汽车的起步、爬坡、加速等动力性能。

无变速器型驱动系统的另外一种结构如图 1-2（c）所示，也称为电机驱动桥型。其电机和驱动桥有两种组合方式，即电机-驱动桥组合式和电机-驱动桥整体式。

① 电机-驱动桥组合式驱动系统。电机-驱动桥组合式驱动系统如图 1-3 所示，也是目前纯电动汽车广泛采用的驱动系统布置方式。

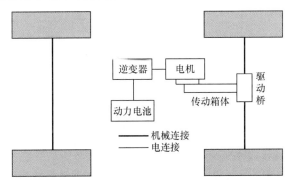

图 1-3 电机-驱动桥组合式驱动系统

同机械传动型驱动布置方式相比，这一构型省掉了离合器和变速器，采用一个固定速比的主减速器，使传动系统更加简化，传动效率得到提高，同时还使整车机械系统的质量减轻，体积缩小，有利于整车布置。另外，减速器的使用还能够改善车辆行驶时电机工作点的分布，从而提高电机的利用效率。这种驱动系统布置形式是在驱动电机端盖的输出轴处加装主减速器和差速器等，电机、固定速比减速器、差速器一起组合成一个驱动整体，如图 1-4 所示，通过固定速比的减速作用来放大驱动电机的输出转矩。这种布置形式的传动部分比较紧凑，效率较高，而且便于安装。

图 1-4　典型的整体式驱动桥

纯电动汽车的驱动电机具有比较宽的调速范围。此外，电机的输出特性曲线与车辆行驶时所要求的理想驱动特性曲线比较接近，电机-驱动桥组合式驱动布置方式能够充分利用驱动电机的这一优点。这一构型的传动系统采用固定速比的减速器、差速器和半轴等较少的机械传动零部件来传递电机的驱动转矩，使动力传动系统得到简化，因此能够有效地扩大动力电池的布置空间和汽车的乘坐空间。除此之外，此构型还具有良好的通用性和互换性，便于在燃油发动机汽车底盘上安装、使用，维修也较方便。但这种布置形式对驱动电机的调速要求比较高，与机械驱动布置方式相比，此构型要求电机在较窄速度范围内能够提供较大转矩。按照燃油发动机汽车的驱动模式，可以有电机前置前驱（FF）或电机后置后驱（RR）两种方式。

② 电机-驱动桥整体式驱动系统。同电机-驱动桥组合式驱动系统相比，电机-驱动桥整体式驱动系统更进一步减少了动力传动系统的机械传动元件数量，因而使整个动力传动系统的传动效率进一步提高，同时可以节省很多的空间，其结构原理如图 1-5 所示。

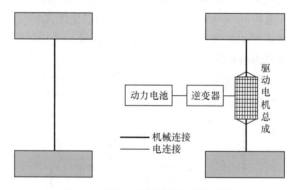

图 1-5　电机-驱动桥整体式驱动系统

电机-驱动桥整体式驱动系统已不再是在燃油发动机汽车驱动系统上进行改动，其结构与燃油发动机汽车存在很大差异，已形成了纯电动汽车所独有的驱动系统布置形式。这一构型便于采用电子集中控制，使汽车网络化和自动化控制的逐步实现成为可能。

电机-驱动桥整体式驱动系统把电机、固定速比减速器和差速器集成为一个整体，通过两根半轴驱动车轮，与发动机横向前置前轮驱动的燃油发动机汽车的布置方式类似。根据电机与驱动半轴的连接方式不同，电机–驱动桥整体式驱动系统布置形式有同轴式和双联式两种，如图 1-6 和图 1-7 所示。

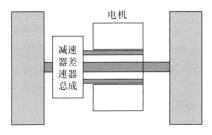

图 1-6　同轴整体式驱动系统

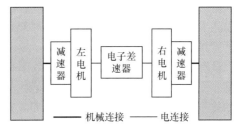

图 1-7　双联整体式驱动系统

同轴整体式驱动系统的电机轴是一种经过特殊制造的空心轴，在电机一端输出轴处装有减速器和差速器。一根半轴直接由差速器带动，另一根半轴穿过电机的空心轴驱动另一端的车轮。由于这种构型采用机械式差速器，所以汽车转弯时与燃油发动机汽车类似，其控制比较简单。

双联整体式驱动系统也称双电机驱动系统，这一构型的左右两侧车轮分别由两台电机通过固定速比减速器直接驱动。这一结构取消了机械差速器，在左右两台电机中间安装有电子差速器，利用电子差速器实现汽车的转向，每台驱动电机的转速可以独立地调节控制。电子差速器的一大突出优点是能使电动汽车具有更好的灵活性，而且可以方便地引入驱动防滑系统（ASR）控制，通过控制车轮的驱动转矩或驱动轮主动制动等措施提高汽车的通过性和在复杂路况上的动力性。另外，电子差速器还具有体积小、质量小的优点，在汽车转弯时可以通过精确的电子控制来提高纯电动汽车的性能。由于增加了驱动电机和功率转换器，使初始成本增加，结构也较为复杂。与同轴整体式驱动系统相比，在不同条件下对两台驱动电机进行精确控制的可靠性还需要进一步提高。这样的布置形式与前面的几种有着很大的不同，纯电动汽车的驱动系统布置形式发展到这一步时，才有可能把纯电动汽车的优势充分地体现出来。

电机–驱动桥整体式驱动系统在汽车上的布局也有电机前置前驱（FF）和电机后置后驱（RR）两种形式。整体式驱动系统具有结构紧凑、传动效率高、质量轻、体积小、安装方便等优点，并具有良好的通用性和互换性，已在小型电动汽车上得到了应用。

（3）无差速器型驱动系统

无差速器型纯电动汽车驱动系统的结构如图 1-2（d）所示，这种结构采用了两台电机，通过固定速比减速器来分别驱动两个车轮，可以实现对每个电机转速的独立调节。因此，当汽车转向时，可以通过电机的电子控制系统控制两个车轮的差速，从而达到转向的要求。但是，这种结构的电机控制系统相对来说比较复杂。

（4）电动轮型驱动系统

电动轮型纯电动汽车也称为轮毂电机分散型纯电动汽车，其驱动系统的一种结构如图 1-2（e）所示，这种结构是将电机直接装在驱动轮内（也称轮毂电机），可以进一步地缩短电机到驱动车轮之间的动力传递路径，减少能量在传送路径上的损失。但要实现纯电动汽车的正常工作，还需要添加一个速比较大的行星齿轮减速器，将电机的转速降低到理想的大小以驱动车轮。

这种布置方式把电机–驱动桥整体驱动布置方式中的半轴也取消掉了，其结构更为简洁、紧凑，整车质量更轻。同燃油发动机汽车相比，轮毂电机分散式纯电动汽车把燃油发动机汽车的机械动力传递系统所占空间完全释放出来，使动力电池、行李舱等有足够的布置空间。同时，它还可以对每台驱动电机进行独立控制，有利于提高车辆的转向灵活性和主动安全性，可以充分利用路面的附着力，便于引进电子控制技术。这种布置方式比上面介绍的各布置方式更能体现出纯电动汽车的优势。采用轮毂电机分散式的驱动系统必须要解决的问题就是如何保证车辆行驶的方向稳定性，同时，驱动系统的驱动电机及其减速装置，必须能够布置在有限的车轮空间内，要求该驱动电机体积较小。

电动轮型纯电动汽车驱动系统的另一种结构如图 1-2（f）所示，这种结构将低速外转子电机的外转子直接安装在车轮的轮缘上，去掉了减速机构，因此电机和驱动车轮之间没有任何机械传动装置，没有机械传动损失，能量的传递效率高，空间的利用率大。但是这种结构对电机的性能要求较高，要求其具有很高的起动转矩和较大的后备功率，以确保车辆的可靠工作。

电动轮型是未来纯电动汽车驱动系统布置方式的发展趋势。

2. 按车载电源数不同分类

按车载电源数不同，纯电动汽车可以分为单电源型纯电动汽车和多电源型纯电动汽车两种。

（1）单电源型

在单电源型纯电动汽车上，主要电源一般是动力电池，如铅酸蓄电池、镍氢电池、锂离子电池等，其动力传递路线如图 1-8 所示。单电源纯电动汽车的结构较为简单，控制也比较简单，其主要缺点是主电源的瞬时输出功率容易受动力电池性能的影响，车辆制动能量的回馈效率也会受制于动力电池的最大可接受电流及其荷电状态。

图 1-8　单电源型纯电动汽车动力传递路线

（2）多电源型

多电源型纯电动汽车的电能源一般由动力电池和辅助动力源联合构成，如图 1-9 所示。采用动力电池+超级电容或动力电池+飞轮电池的电源组合，可以降低对动力电池的容量、比能量、比功率等的要求。当汽车起步、加速、爬坡时，辅助动力源（超级电容、飞轮电池）可在短时间内输出大功率，协助动力电池供电，使汽车的动力性提高；当汽车制动时，则利用辅助动力源接受大电流充电，提高制动能量回馈的效率。

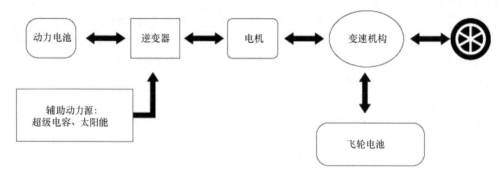

图 1-9　多电源型纯电动汽车动力传递路线

3. 按用途不同分类

按照用途不同，纯电动汽车主要分为纯电动轿车、纯电动货车和纯电动客车 3 种。

（1）纯电动轿车

纯电动轿车是目前最常见的纯电动汽车。除了一些概念车，纯电动轿车已经开始批量生产，并已经进入市场。

（2）纯电动货车

纯电动货车就是主要用来运送货物的纯电动汽车，用作公路运输的纯电动货车目前还比较少见，而在矿山、工地及一些特殊场地，则早已出现了一些大吨位的纯电动货车。

（3）纯电动客车

纯电动客车是一种以载客为目的的纯电动汽车，目前，纯电动小型客车也比较少见，纯电动大客车多用作公共汽车。

除上述 3 种外，纯电动汽车还有一种称为纯电动微型汽车。纯电动微型汽车有载客式、载货式及其他用途式。这类纯电动汽车的特点是体积小，车速低，一般最高车速在 50～60 km/h，续驶里程较短，成本低。

三、纯电动汽车的特点与要求

1．纯电动汽车的特点

（1）优点

① 排放污染物少。纯电动汽车以清洁的电能作为能源，不会产生有害气体，也不会产生 CO_2 等温室气体，基本上可以实现"零排放"。

即使将所耗电量换算为电厂的排放，除硫和微粒外，其他污染物也显著减少。由于电厂大多远离人口密集的城市，因此对人类伤害较少，而且电厂是固定不动的，废弃物集中排放，清除各种有害排放物较容易，也已有了相关技术。

② 噪声低。电机工作过程中产生的噪声远小于燃油发动机汽车的噪声。

③ 能源利用率高。在城市工况下，汽车的平均行驶速度较低，时常处于走走停停的状态。对于燃油发动机汽车来说，这种工况下发动机效率不高，燃油消耗较大；而纯电动汽车对这种工况的适应性较好，明显提高了能源利用率。有关研究表明，同样的原油经过粗炼，送至电厂发电，电能充入电池，再由电池驱动汽车，其能量利用效率比经过精炼为汽油，再经汽油机驱动汽车高，因此有利于节约能源和减少 CO_2 的排放量。

纯电动汽车还可以充分利用晚间用电低谷时富余的电力充电，使发电设备日夜都能得到充分利用，大大提高其经济效益。

纯电动汽车可以实现制动能量回收，也会节省部分能源。

④ 能源来源广泛，对石油的依赖性低。由于电力可以从多种一次能源获得，如煤、核能、水力、风力、光、热等，因此纯电动汽车可减少人们对石油资源日见枯竭的担心。

⑤ 制造与维修成本低。纯电动汽车相对燃油发动机汽车结构简单，运转部分少，使用维修方便，维护工作量少。

（2）缺点

① 目前动力电池生产技术尚不完善。

② 整车价格高。纯电动汽车的动力电池较贵，又没形成经济规模，故购买价格较高。

③ 高压安全技术有待提高。

2. 纯电动汽车的要求

2007 年 11 月 1 日，国家发展和改革委员会颁布实施《新能源汽车公告管理办法和实施细则》。细则规定，符合国家规定和符合市场需求的纯电动汽车必须遵守以下几项要求。

① 纯电动汽车的研发、制造、运营必须符合国家各项相关法规。整车、零部件性能必须满足国家技术标准和各项具体要求。

② 纯电动汽车是以电为能源，由电机驱动行驶的，不再产生新的污染，不再产生易燃、易爆的隐患。

③ 纯电动汽车储能用的电池必须是无污染、环保型的，且具有较长的寿命，具备快速充电的性能。车辆根据用途确定一次充电的续驶里程，以此布置电量够用的电池组，充分利用公用充电站快速充电以延长续驶里程。

④ 纯电动汽车电机组应有高效率的能量转换能力。制动、减速能量可直接利用和回收，力求车辆综合能源利用的高效率。

⑤ 根据车辆用途及行驶场合设定最高车速，且不得超过交通法规的限定值，以便合理选择电机的功率和配置电池组容量。

⑥ 车辆驾驶操纵简单有效，工作可靠，确保行车安全。

⑦ 机械、电气装置耐用、少维修，车辆运营费用低。

⑧ 以目标市场需求为依据，提供实用、合适车型满足市场，力求做到技术、经济、实用、功能诸方面的综合统一。

2012 年 5 月 11 日，《纯电动乘用车技术条件》（GB/T 28382—2012）正式发布实施，该标准适用于使用动力电池驱动、5 座以下的纯电动汽车。该标准对纯电动乘用车的车速、安全、质量分配、加速性能、爬坡性能、低温性能、可靠性等方面的技术指标作了详细的规定。这标志着今后各汽车生产商将会按统一的标准生产纯电动乘用车。

四、纯电动汽车的基本组成与工作原理

1. 纯电动汽车的基本组成

纯电动汽车由动力系统（包括动力电池及蓄电池组管理系统、驱动电机及其控制系统、冷却系统等）、底盘（包括传动系统、行驶系统、转向系统和制动系统等）、车身和电气设备 4 部分组成。图 1-10 所示为典型纯电动汽车的主要总成布置。

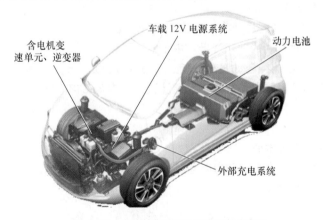

图 1-10　典型纯电动汽车的主要总成布置

（1）动力系统

① 动力电池。动力电池的作用是供给辅助电池及驱动电机用电。为了满足纯电动汽车对高电压的需要，纯电动汽车大多数是以由多个单体电池串、并联形成的动力电池组作为动力源。单体电池也称为电池单元，是构成动力电池的最小单元，一般由正极、负极、电解质及外壳等构成，即常说的一节电池。几个单体电池并联在一起构成一个电池单元组，其电压与单体电池相同，但容量为并联单体电池数的和。单体电池串联或单体电池与电池单元组串联以及电池单元组串联则构成相对独立的电池模块（也称电池包），模块的大小及电压（包括容量）取决于串联的单体电池和电池单元组的数量，所以同一台纯电动汽车的各电池模块尺寸会有不同的规格。几个电池模块串联构成一个动力电池组，图 1-11 所示的动力电池组即由 8 个电池模块组成，其总电压为各电池模块的电压之和，用周期性的充电来补充电能。动力电池组是纯电动汽车的关键装备，它储存的电能及其自身的质量和体积对纯电动汽车的性能有决定性影响。

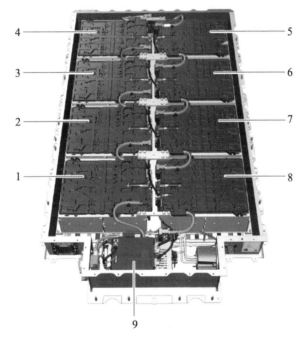

图 1-11　典型纯电动汽车动力电池组

1~8—电池模块；9—电子控制单元（ECU）

动力电池组在纯电动汽车上占据很大一部分有效的装载空间，在布置上有相当的难度，通常有集中式布置和分散式布置两种形式。典型的动力电池组集中式布置形式如图 1-12 所示，动力电池组的支架为 T 形架，T 形架装在车辆的地板下面和行李舱下面的车架上，动力电池组固定在 T 形架上，有很好的稳定性。在 T 形架上装有动力电池组的通风系统、电线保护套等，通过自动断路器和手动断路器在车辆停车和车辆出现故障时切断电源，保证高压电路的安全。

典型的动力电池组的分散式布置形式如图 1-13 所示。动力电池组布置在纯电动汽车地板下面是最常见的布置方法，这样方便安装和拆卸。

图 1-12　典型的动力电池组集中式布置形式

图 1-13　典型的动力电池组分散式布置形式

② 驱动电机。驱动电机是纯电动汽车的动力装置。它是根据电磁感应原理实现电能转换的一种电磁装置，在电路中用字母 M 表示。它的主要作用是产生旋转运动，作为用电设备或各种机械的动力源。

③ 冷却系统。纯电动汽车的动力电池、驱动电机及其控制器工作时要产生大量的热量，需要进行强制冷却。动力电池的冷却通常采用风冷，其主要装置为鼓风机。驱动电机多采用水冷却，主要装置为水泵和散热器。驱动电机也有采用风冷的。

在研究分析纯电动汽车结构时，有时将纯电动汽车动力系统分为 3 个子系统，即电力驱动子系统、能源子系统和辅助子系统，如图 1-14 所示。

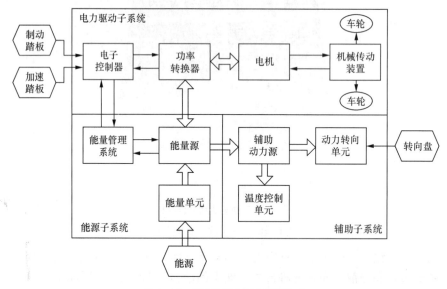

图 1-14　纯电动汽车动力系统构成

电力驱动子系统的功能是通过控制器电路与制动踏板和加速踏板相连，将制动踏板和加速踏板信号输入到电子控制器，以获得驾驶人的驾驶意图；通过控制驱动电机驱动车辆并且进行制动能量回收。

能源子系统的功能是对电力驱动子系统及辅助子系统供能，保证汽车上各元件有稳定的能量来源；能源子系统能够实时监测动力电池剩余电量，当动力电池能量不足时，能够提示对动力电池进行充电，以及时补充车辆的能量。

同燃油发动机汽车一样，纯电动汽车也配备有助力转向、空调、音响等系统，不同的是这些系统完全利用存储在动力电池中的电能，辅助子系统的作用就是完成助力转向、车内空调温度调节及夜间照明等功能。

（2）底盘

① 传动系统。纯电动汽车有多种传动系统布置形式，典型的纯电动汽车传动系统如图 1-15 所示。由于电机具有良好的牵引特性，因此纯电动汽车的传动系统可不需要离合器和变速器。车速控制由控制器通过调速系统改变电机的转速即可实现。

② 行驶系统。行驶系统与燃油发动机汽车相似，主要包括车架、车桥、车轮和悬架等。

③ 转向系统。纯电动汽车的转向系统主要由转向操纵机构、转向器、转向传动机构等组成，具体包括转向盘、转向器、转向节、转向节臂、横拉杆、直拉杆等。纯电动汽车的转向系统多采用电动助力转向装置。

动力电池

逆变器

驱动电机

图 1-15　典型的纯电动汽车传动系统示意图

④ 制动系统。纯电动汽车制动系统包括制动器、制动传动装置。现代纯电动汽车制动系统中，制动防抱死装置（ABS）已经成为标配。与燃油发动机汽车相似，纯电动汽车的制动系统也由行车制动和驻车制动两套装置构成。纯电动汽车多采用电动真空助力。

（3）车身

早期的纯电动汽车车身分为车头和车厢两个部分。车头是乘坐驾驶人的位置，一般可乘坐驾驶人和副驾驶人两人；车厢是根据客户需求改装而来的，包括车厢配置、用料、空间设计等。

随着纯电动汽车的发展，现在多数纯电动汽车是以某种燃料车型改型而成的，所以其车身结构基本与燃油发动机汽车相同。为了使乘客获得最大的舒适感，纯电动汽车一般采用单人座并排的方式，至于座椅的数量则根据具体车型而有所不同。随着纯电动汽车向 B 级车和 SUV 方向发展，乘客室空间尺寸有增大的趋势，座位数也在增多。

（4）电气设备

纯电动汽车电气设备主要包括发电机、充电系统、辅助电源（车载 12 V 电源）、灯具、仪表、音响装置、刮水器等。

① 发电机。发电机的主要作用是将机械能转换为电能，它在电路中用字母 G 表示。纯电动汽车的发电功能基本上都是由电机来完成的，即驱动电机为电动/发电机，可实现驱动和发电两种功能。

② 充电系统。充电系统主要包括充电接口和车载充电器，如图 1-16 所示。充电系统通常利用外接 220 V 交流电源，通过充电接口进入车载充电器，车载充电器再通过交直流转换，使得 220 V 交流电转变成动力电池组充电的直流电压提供给动力电池。纯电动汽车也有利用 380 V 交流电源充电的，这种充电方式需要配备地面充电桩，将 380 V 交流电转换为直流电后给车辆充电。

　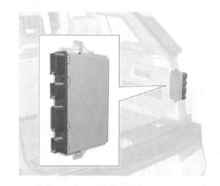

（a）充电接口　　　　　　　　　　　　（b）车载充电器

图 1-16　充电接口与车载充电器

③ 辅助电源。所谓辅助电源，指车载 12 V 蓄电池，其主要功能是为纯电动汽车的一些用电设备供电。

④ 灯具、仪表。灯具、仪表是提供照明并显示纯电动汽车状态的部件组合。仪表一般能够显示动力电池电压、整车速度、行驶状态、灯具状态等，智能型仪表还能显示整车各电气部件的故障情况。

在工业用纯电动汽车上，除上述组成外，还需配备工业装置。工业装置是用来完成作业要求而专门设置的，如电动叉车的起升装置、门架、货叉等。

2. 纯电动汽车的驱动原理

纯电动汽车由电力驱动系统替代了燃油发动机汽车的发动机和变速器，依靠动力电池、逆变器和驱动电机变速单元实现车辆的驱动。

图 1-17 所示为纯电动汽车的基本驱动系统结构示意图，基本驱动原理为：当驾驶人踩下加速踏板时，车辆控制模块将控制动力电池输出电能，然后通过控制逆变器驱动电机运转，驱动电机输出的转矩经齿轮机构传递给车轮，从而带动车轮转动，实现车辆的前进或后退。

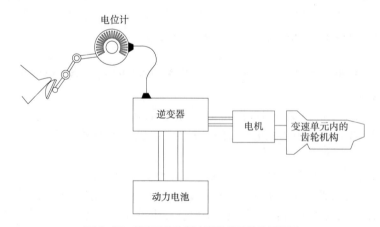

图 1-17　纯电动汽车基本驱动系统结构示意图

典型纯电动汽车工作原理如图 1-18 所示。当电源接通使汽车行驶时，主控 ECU 接收挡位控制器、加速踏板角度传感器等各方面信息，判断、计算后发出指令传递给电机控制器，以控制流向前驱动电机的电流。此时，动力电池电流通过应急开关、配电箱/继电器之后，一路经过电机控制器向前驱动电机供给需要的电流，另一路经过 DC/DC（直流/直流）转换器，将高压直流电（如 330 V）转换为低压电（如 42 V），提供给 EPS（电动助力转向系统）使用。同时，动力电池接受电池管理系统管理，将动力电池的瞬时电压、电流、温度、剩余电量等信息传递给电池管理系统，以防止动力电池过放电或温度过高而损坏。如果发生漏电情况，漏电保护器起作用。一旦发生短路等紧急情况，保护装置（熔丝）即可熔断。

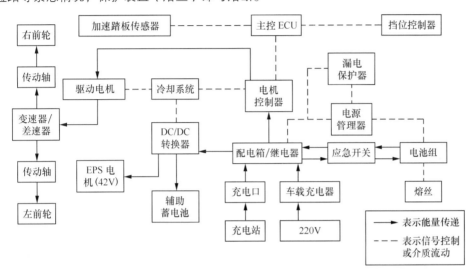

图 1-18　典型纯电动汽车工作原理

五、纯电动汽车的历史与现状

1. 纯电动汽车的历史

1834 年，苏格兰人德文博特（T. Davenport）制造了一辆电动三轮车，它由一组不可充电的简单玻璃封装的干电池驱动，只能行驶一小段距离。1839 年，苏格兰人罗伯特使用不可充电电池制造了第一辆纯电动汽车。1859 年，法国人普兰特（C. Plante）发明了世界上第一只可充电的蓄电池，为后来纯电动汽车的发展奠定了基础。1881 年，法国工程师特鲁夫（C. Trouve）第一次将直流电机和可充电的铅酸蓄电池用于私人车辆，并在同年巴黎举办的国际电器展览会上展出了一辆能实际操作使用的电动三轮车。1885 年，德国人卡尔·奔驰（K. Benz）发明了汽油机驱动的汽车，并于 1886 年 1 月 26 日获得专利，成为人类历史上的伟大创举。但是，由于当时纯电动汽车比燃油发动机汽车结构简单，且只需配有电机和电池，制造起来比较容易，而燃油发动机汽车性能比较差，发动机起动也很困难，因此在初期阶段，纯电动汽车得到了发展。

19 世纪末，美国、英国和法国的许多公司都开始生产纯电动汽车。最早的纯电动汽车制造厂是 Morria 和 Salam 的电动客车和货车公司。另一个比较早的纯电动汽车生产商是波普（POPE）制造公司，到 1898 年年底，波普生产了大约 500 辆 CalumIria 型纯电动汽车。1896—1920 年，Riker 纯电动汽车公司生产了多种不同类型的纯电动汽车，其中 1897 年生产的 Victoria 是一种设计较好的车型。除了美国纯电动汽车制造厂外，英国的伦敦电动出租汽车公司在 1897 年生产了

15 辆电动出租车。法国的 BGS 公司在 1899—1906 年也生产了几种不同类型的商用型纯电动汽车，包括小汽车、货车、客车和豪华轿车。1899 年，比利时人 Camille Jenatzy 驾驶的电力驱动汽车 Jamais Contente 首次实现了 100 km/h 以上的车速。

1895—1915 年是早期纯电动汽车的黄金时代。1900 年，在美国销售的 4200 辆汽车中有 38%是纯电动汽车，22%是燃油发动机汽车，40%是蒸汽机汽车。在当时，纯电动汽车是金融巨头的代步工具及财富的象征。

进入 19 世纪以后，由于大量油田被发现，石油开采提炼和内燃机技术迅速进步，而纯电动汽车则由于电池技术进步缓慢，在性能、价格等方面都难以与燃油发动机汽车竞争而逐步被其所取代。1911 年，凯特灵（Kettering）发明了汽车发动机起动机，使得燃油发动机汽车更具吸引力，从此打破了纯电动汽车在市场的主导地位。而福特汽车公司的出现几乎使纯电动汽车的发展彻底停止，到 19 世纪 30 年代，纯电动汽车几乎消失了。

直到 20 世纪 70 年代初，石油危机和空气污染等原因才促使人们重燃对纯电动汽车的希望。20 世纪 70 年代初期，美国、英国、法国、德国、意大利和日本开始发展纯电动汽车。20 世纪 70 年代后期，世界上许多国家和地区的公司都开始研制纯电动汽车。但是石油价格在 20 世纪 70 年代末开始下跌，在纯电动汽车成为商业化产品发展起来之前，能源危机和石油短缺变得不再严重，因而纯电动汽车的商业化失去了动力，纯电动汽车的发展显著变慢，又开始走入低谷。

2. 纯电动汽车的现状

20 世纪 80 年代，由于人们日益关注空气质量和温室效应所产生的影响，纯电动汽车的发展再次获得生机。20 世纪 90 年代初，一些国家和城市开始实行更严格的排放法规，1990 年，美国加利福尼亚州大气资源管理局（CARS）颁布了一项法规，规定 1998 年在加利福尼亚州出售的汽车中，2%必须是零排放车辆（ZEVs），到 2003 年零排放车辆应达到 10%。受加利福尼亚州法规的影响，美国其他州以及世界其他国家开始制定类似的法规，纯电动汽车被认为是符合零排放标准的唯一可用的技术，所以纯电动汽车迅速发展起来。

汽车制造商在不断推动纯电动汽车技术发展的同时，开始将纯电动汽车商业化。在世界范围内，尤其在美国、日本和欧洲国家，许多汽车生产商开始生产纯电动汽车或者涉及纯电动汽车领域。美国的通用、福特、克莱斯勒、美国纯电动汽车公司以及 Solectria 公司为了响应加利福尼亚州的法规，在纯电动汽车的发展中起着很重要的作用；在日本，几乎所有的汽车生产商，如丰田、日产、本田、马自达、大发、三菱、铃木和五十铃等汽车公司等都制订了自己的商业化纯电动汽车的发展计划；欧洲的许多国家，尤其是法国、德国、意大利和英国都启动了纯电动汽车发展计划，其中较活跃的汽车公司有雪铁龙、雷诺、宝马、奔驰、奥迪、沃尔沃、大众、欧宝和菲亚特等。除了汽车生产商以外，还有一些电力公司和电池生产商在纯电动汽车的示范中也起着积极的作用，其目的都是促进以充电电池为动力的纯电动汽车的商业化，并最终获得商业利益。通常他们和汽车生产商合作来发展纯电动汽车，或者选购纯电动汽车用于电池评估和演示。虽然在这一阶段，纯电动汽车得到了各大企业的重视，但是由于电力电子学尚未建立，既没有完善的科学理论作指导，更缺乏高科技含量的电力电子装置可供采用，特别是当时几乎只有铅酸蓄电池可供使用，而铅酸蓄电池体积大、质量重、能量密度小、功率密度低、充电时间长且每次充足电后续驶里程较短，再加上电力传动系统的制造成本过高等，这些因素均阻碍了纯电动汽车的大规模发展。

2000 年以来，随着各国对纯电动汽车技术研发投入的不断加大，车用动力电池、电机及其控制系统等瓶颈技术取得了重大进展，电力电子、控制和信息技术的广泛应用促使纯电动汽车技术深入发展、日臻完善，产品的可靠性、寿命得到明显提升，成本得到有效控制，纯电动汽车技术在世界范围内得到快速发展，一批装备了先进动力电池的纯电动汽车已经进入或即将进入消费市场。

3. 我国纯电动汽车的发展与现状

"八五"期间，国家计委和国家科委将电动汽车项目正式列入国家研究和攻关计划。"九五"期间，国家科技部把电动汽车列入国家重大产业工程项目，完成了纯电动轿车先导车的研制和全新纯电动轿车概念车的开发，建成了我国唯一的国家电动汽车运行试验示范区。1995 年研制了我国首辆纯电动大客车 YW6120DD（"远望"号）和我国首辆具有完全自主知识产权的纯电动公交车 BJD6100EV，完成了为期 3 年的载客示范试验。

"十五"期间，我国以开发电动汽车整车技术和关键零部件技术为重点，采取整车牵头、零部件配合、产学研相结合的模式，推动了电动汽车技术的研发。

"十一五"期间，国家继续坚持以电动汽车市场为产品开发的导向，以整车产品为载体，以电动汽车动力系统技术平台为核心，促进企业产品的开发和创新；以关键零部件工程化、系列化促进产业链的建设；以共性基础技术促进平台、总成和零部件的深入研究；以公共服务平台、基础设施和政策法规建设促进市场应用和推广。

通过十几年的努力，尤其是"十五"以来的重点攻关，我国逐步围绕纯电动客车和纯电动轿车形成了一个品种齐全、配套能力较强的产品技术链，在使用大容量锂离子动力电池方面克服了成组使用时充/放电性能、安全性能和快速更换等技术难题，技术逐步成熟。

在电动汽车产品开发的同时，其示范应用同步进行。在各地政府的大力支持下，科学技术部在全国建立了电动汽车商业化示范城市，在北京、天津、杭州、株洲、威海和深圳等城市开展了不同车型、不同示范运营主体、不同运营管理方式和不同线路的小规模示范，以期望达到以下目的：一是在示范运行过程中检验了产品的可靠性，使得产品技术得到持续改进；二是通过区域和线路的商业化运行示范，探索了符合市场规律的商业运行模式，积累了丰富的运营管理经验；三是建立多元化、互动型的电动汽车示范运营技术服务体系，在运营过程中采集数据，为示范运营车辆的考核、评估和改进提供科学依据；四是在运营中逐步建立电动汽车商业化运行的政策支撑体系，研究政策效益，促进形成推广应用电动汽车的市场氛围。此外，通过示范运营进行科普教育，使广大民众了解、认识和尝试了电动汽车新技术，为人们进一步接受电动汽车打下一定的基础。

关于纯电动汽车的研发，我国已掌握车辆动力系统匹配与车辆集成设计、整车控制系统等领域的核心技术，在电池、电机和整车研发与产业化等方面均取得重大突破。但在高性能纯电动汽车产品的可靠性和工程化能力上，仍落后于国外先进产品。相对于国外的全新结构车型，国内纯电动汽车多以改装车为主，车辆在产品能耗水平、轻量化技术、产品竞争力、品牌溢价能力等诸多方面存在不足。从表 1-1 可以看出，多数国产纯电动汽车在电机输出功率、最高车速、加速性能、续驶里程等方面均落后于国外先进产品。

此外、部分电机和电池所需零部件材料、控制器基础硬件、芯片等核心零部件仍依赖进口，车辆整体成本较高。

表 1-1　国内外部分纯电动乘用车技术参数对比

车型		同悦	e6	EV200	荣威 E50	启辰晨风	逸动 EV	腾势 EV	Leaf	i3EV	Model S
生产企业		江淮	比亚迪	北汽	上汽	东风日产	长安	比亚迪·戴姆勒	日产	宝马	特斯拉
整车参数	车长/mm	4155	4560	4025	3569	4467	4620	4642	4445	4006	4978
	整备质量/kg	1200	2295	1295	1080	1494	1610	2090	1493	1195	2090
驱动电机	电机类型	永磁同步	永磁同步	永磁同步	永磁同步	永磁同步	永磁同步	永磁同步	永磁同步	永磁同步	三相异步
	最大功率/kW	27	90	53	52	109	90	86	80	125	225
	最大转矩/(N·m)	170	450	180	155	254	280	290	280	250	600
动力电池	电池类型	磷酸铁锂	磷酸铁锂	三元锂	磷酸铁锂	磷酸铁锂	锂离子	磷酸铁锂	锂离子	锂离子	锂离子
	电池能量/(kW·h)	18	63	30.4	18	24	26	47.5	24	19	70
整车性能	最高车速/(km/h)	95	140	130	130	145	140	120	150	150	200
	百公里加速时间/s	—	10	15	14.6	—	4（0～50km/h）	14	9.9	7.2	6.2
	续驶里程/km	150	300	245	120	175	200	253	200	160	370
参考价格/万元（补贴后）		7.5	30.98	22.69	23.49	26.78	23.49	36.9	18	41.68	39

近年来，我国在纯电动乘用车产品及技术研发领域取得阶段性成果，部分中高端产品达到国际一流水平，具备了商业化推广条件。代表性的产品有腾势电动汽车、启辰晨风电动汽车等，由于采用新型的三元锂电池代替磷酸铁锂电池，纯电动乘用车的续驶里程得到大幅度提高。如北汽的 EV200 纯电动汽车相比 E150EV 增加了 80 km/h，达到 245 km/h。

我国纯电动乘用车换代产品技术进步显著。以江淮同悦系列纯电动汽车为例，几经改进，至 2016 年已进入第五代产品，是国内纯电动乘用车技术进步的典型代表，其主要产品技术参数见表 1-2。

表 1-2　江淮 iEV 系列纯电动汽车技术参数

车型		iEV3	iEV4	iEV5	iEV5+
上市时间		2013 年	2014 年	2015 年	2016 年
整车参数	车辆尺寸（长×宽×高）/（mm×mm×mm）	4155×1650×1445	4190×1650×1445	4320×1710×1515	4320×1710×1515
	整备质量/kg	1260	1200	1250	1260
驱动电机	电机类型	永磁同步	永磁同步	永磁同步	永磁同步
	额定功率/最大功率/kW	18/42	18/42	25/50	25/50
	最大转矩/(N·m)	170	170	215	215

（续表）

	电池类型	磷酸铁锂	磷酸铁锂	三元锂	三元锂
动力电池	电池组能量/（kW·h）	19.2	19.2	23.3	33
	电池额定电压/V	307	307	307	307
整车性能	最高车速/（km/h）	100	95	120	120
	0～50km/h 加速时间/s	6	6	6	6
	综合工况续驶里程/km	130	152	200	251
	最大爬坡度/%	25	25	25	25
	百公里耗能/（kW·h）	14.6	12.5	14	14

六、国内外主要纯电动汽车品牌

1．国外主要纯电动汽车品牌

（1）美国

① 特斯拉。特斯拉（Tesla）是一家美国电动汽车及能源公司，产销电动汽车、太阳能板及储能设备。总部位于美国加利福尼亚州硅谷的帕罗奥多，2003 年由马丁·艾伯哈德和马克·塔彭宁共同创立。

特斯拉第一款汽车产品 Roadster（见图 1-19）发布于 2008 年，是全球首款量产版电动敞篷跑车。这是第一辆使用锂电池技术，每次充足电能够行驶 320 km 以上的纯电动汽车。

图 1-19　特斯拉 Roadster 纯电动跑车

历经多年的研发，特斯拉发布了多款纯电动汽车，如 Model S、Model X、Model SP85D、Model SP90D、Model S90、Model S70、Model S60、Model S60D、Model 3 等。

② 通用雪佛兰沃蓝达（VOLT，见图 1-20）。雪佛兰 VOLT 是增程式纯电动汽车（也可将其归入混合动力汽车）。整个系统采用串联式结构，发动机的动力经过发电机转换后再传递给驱动电机。动力系统由 1.0L 三缸涡轮增压柔性燃料发动机和 16 kW·h 锂电池组组成，可实现最大续驶里程 1030 km，单靠电池驱动里程为 64 km。用家用 220 V 电源 3.5 h 可将电池充满，同时也可以在行驶中使用发动机充电。

历经多年研发，通用推出了多款纯电动汽车，如布兰达（Bolt）、欧宝（Ampera-e）等。

图 1-20　通用雪佛兰 VOLT

③ 福特福克斯电动汽车（见图 1-21）。福克斯电动版在 2011 年国际消费电子展（CES）上首发。福特利用 LG Chem 公司开发的 23 kW·h 铁锂电池组，最大功率可达 91 kW，电机峰值转矩为 245 N·m，动力通过单级减速器传递到车轮。此外，福克斯电动版还配备其他的节能技术，比如电动助力转向和能量回收四轮盘式制动系统。

福克斯电动版可通过 120 V 和 240 V 插座充电。用 240 V 充电站充电，铁锂电池组可以在 3~4 h 完成。快充则在 30 min 内可以充电 80%。而用 120V 家用电源,铁锂电池组可以在 18~20 h 充满。

图 1-21　福特福克斯电动汽车

（2）欧洲车系

① 宝马。宝马集团曾透露了该集团在电动汽车方面的战略规划，即到 2025 年，将提供 25 款电动汽车，其中 12 款为纯电动汽车。当前宝马在市场上比较热销的电动汽车是 i3 和 i8（混合动力车型）。

宝马 i3 纯电动版是第一款车体主要由碳纤维材料制成的量产汽车，如图 1-22 所示。i3 的电机最大输出功率可达 125 kW，配备后轮驱动系统，百公里加速时间为 7.2s，最高车速可达 150 km/h。采用高速充电器，只需 1 h 就可为电池充 80%的电。

图 1-22 宝马 i3 纯电动汽车

② 奔驰。奔驰早期的纯电动汽车为微型（Smart）系列，2016 年发布 3 款纯电动版本：Smart Fortwo（见图 1-23）、Smart Fortwo 敞篷版和 Smart Forfour。3 款车型是由戴姆勒的全资子公司 Smart（精灵）汽车有限公司研发生产的。

图 1-23 奔驰 Smart Fortwo 纯电动汽车

3 款 Smart 电动汽车都将采用奔驰和雷诺共同研发的后置电机进行驱动，最大输出功率 55 kW，转矩峰值为 130 N·m，内置了 17.6 kW·h 的锂电池，最高车速 125 km/h，续驶里程可达 450 km。百公里加速时间为 11.5 s，充电时间为 6 ~ 7 h。

奔驰的首款纯电动乘用车为奔驰 EQC（见图 1-24），是一辆纯电动 SUV。EQC 采用纯电力驱动，动力系统将由两台电机和锂电池组构成。其中，两台电机的综合输出功率将达 300 kW，峰值转矩为 730 N·m，电池组能量为 79.2 kW·h。百公里加速时间不超过 5 s。

图 1-24　奔驰 EQC 纯电动汽车

③　大众。在 2016 年巴黎车展前夕，大众发布了旗下全新紧凑级纯电动 I.D.概念车（见图 1-25），为大众基于电气模块化（MEB）平台打造的首款紧凑级车型。

图 1-25　大众纯电动 I.D.概念车

I.D.概念车是大众汽车全新电动汽车产品序列中的首款车型，采用了大众全新的设计理念，具有很高的辨识度。I.D.概念车由电机驱动，最大功率为 125 kW，单次充电后续驶里程可达 400 ~ 600 km。

④　雷诺。雷诺早期纯电动汽车为微型纯电动汽车 Twizy（见图 1-26）。该车搭载了一台最大功率为 15 kW 的电机，最高车速可达 75 km/h。这款纯电动汽车完全充电过程仅需要 3.5 h，而新车的续驶里程可达 100 km，能满足城市日常通勤需求。

图 1-26　雷诺 Twizy 微型纯电动汽车

雷诺后期纯电动汽车产品有风朗（Z.E.）、特翼（Twizy）、ZOE 等。

2016 年巴黎车展上，雷诺正式发布了全新 TREZOR 概念车（见图 1-27）。TREZOR 概念车可以看作是 2010 年雷诺推出的概念车 DeZir 的延续，展现了雷诺品牌对于未来出行模式以及对未来汽车制造的展望，设计理念上采用多项新技术。雷诺 TREZOR 概念车将采用完全独立驾驶的模式，可实现完全不需要驾驶者干预的独立驾驶功能，采用纯电力驱动，搭载来自 LG 的全新锂电池组，并拥有最高 402 km 的续驶里程。

图 1-27　雷诺 TREZOR 纯电动概念车

（3）日本车系

日本在电动汽车方面成绩突出的企业是日产（NISSAN）。日产聆风（Leaf）为五门五座掀背轿车，如图 1-28 所示，由层叠式紧凑型锂离子电池驱动。日产聆风在 2010 年底于欧美以及日本市场上市，这款车型是从 2011 年开始进入中国销售的。

图 1-28　日产 Leaf 纯电动汽车

作为全球销量最多的纯电动汽车，2017 年日产第二代 Leaf 上市。新款车型除外形内饰采用更具科技感的设计以外，还加入了例如高级自动驾驶、单踏板操作等新技术。

日产 Leaf 使用新研发的锂电池组，其性能表现与普通经济型掀背车接近，电池组最大能支持 88 kW 的电机。日产 Leaf 此次配搭的电机的峰值输出转矩为 280 N·m。Leaf 的快充模式能够在 30 min 内将电池组电量补充到 80%，大大改善了电池组不能迅速补给的难题。但快速充电仅适用于紧急之需，将电池充满仍然需要 8 h，车主可以利用夜间进行充电。

2. 国内主要纯电动汽车品牌

（1）纯电动客车

我国有很多客车生产厂家在研发和生产纯电动客车，如牡丹汽车、宇通客车、金龙客车、中通客车、海格客车、安凯客车、申龙客车、少林客车、比亚迪汽车等公司。其中比亚迪、宇通、海格都是比较有名的客车品牌。

比亚迪纯电动客车有多个车系，如 K 系列（如 K8、K9 等）纯电动公交车、C 系列（如 C7、C8 等）旅游团体客车、BYD6110 系列客运客车等。图 1-29 所示为由广汽与比亚迪合作研发生产的纯电动客车 K9，已经在大连、广州、北京、三亚、桂林、蚌埠、青岛等多座城市投入公交运输服务。该款车型城市公交工况续驶里程超过 250 km。

图 1-29　广汽与比亚迪合作研发的 K9 纯电动客车

（2）纯电动货车

据工业和信息化部提供的信息，在我国，研发生产纯电动货车的六大知名企业为比亚迪汽车工业有限公司、成都大运汽车集团有限公司、东风汽车公司、安徽华菱汽车有限公司、一汽解放青岛汽车有限公司和湖北三环专用汽车有限公司。其生产的主要车型和基本数据见表 1-3。

表 1-3　我国主要纯电动货车生产企业及其主要产品

序号	生产企业	车型	产品型号	总质量/kg	额定载质量/kg	整备质量/kg	续驶里程/km	搭载电量/（kW·h）
1	比亚迪汽车工业有限公司	纯电动自卸车	BYD3310EH9BEV	31000	15375	15495	260	324
2		纯电动自卸车	BYD3250EEFBEV	25000	12375	12495	240	311
3		纯电动混凝土搅拌运输车	BYD5320GJBBEV2	32000	16370	15500	260	324
4		纯电动半挂牵引车	BYD4180D8DBEV	18000		9950	210	350
5	成都大运汽车集团有限公司	纯电动牵引汽车	CGC4180BEV1AACJNALD	18000		8030	105	130.1
6		纯电动牵引汽车	CGC4250BEV1AADKRCGD	24700		14000	170	290.61
7	东风汽车公司	纯电动教练车	EQ5120XLHTBEV1	12400		4610	90	58.34

（续表）

序号	生产企业	车型	产品型号	总质量/ kg	额定载质量/ kg	整备质量/ kg	续驶里 程/km	搭载电量/ （kW·h）
8	东风汽车 公司	纯电动翼开启 厢式车	EQ5180XYKTBEV	18000	8575	9230	100	122.57
9		纯电动厢式运输车	EQ5180XXYTBEV1	18000	8605	9200	100	122.57
10		纯电动厢式运输车	EQ5180XXYTBEV	18000	9005	8800	102	130
11	安徽华菱 汽车有限 公司	纯电动混凝土 搅拌运输车	HN5250GJBB25D4BEV	25000	8805/8870	16000	108	164.51
12	一汽解放 青岛汽车 有限公司	纯电动自卸汽车	CA3251P66T1BEV	25000	12440/12375	12430	120	130
13		平头纯电动牵引车	CA4181P25BEVA80	18000		8300	100	130
14	湖北三环 专用汽车 有限公司	纯电动牵引汽车	STQ4181L02Y4NBEV	18000		6940	100	130
15		纯电动厢式运输车	STQ5181XXYNBEV	18000	9105	8700	100	130

比亚迪于 2013 年开始研发电动卡车，是国内最早投入新能源卡车研发的企业，也是国内最早将新能源卡车投入商业化运营的企业。尤其是针对技术门槛高的新能源重型卡车，比亚迪已积累了两年多的规模化运营经验，早于戴姆勒、特斯拉发布纯电动重型卡车及商业化运营的时间。

图 1-30 所示为比亚迪 T10 纯电动自卸车，总质量 31000 kg，额定载质量 15375 kg，搭载型号为 BYD-3425TZ-XS-A 的永磁同步电机，以及自主研发的磷酸铁锂电池，动力电池组总能量 324 kW·h，续驶里程（等速法）达 260 km。

（3）纯电动场地车

作为国内最早研究电动汽车的企业，东风汽车公司在"八五"计划初期展开电动汽车研究开发。2007 年 8 月，东风电动车辆股份有限公司正式与北京奥组委签约，东风纯电动场地车成为北京奥运会各比赛场馆的唯一服务用车。自 2007 年 8 月到 2008 年奥运会期间，500 余台纯电动场地车服务于检测赛、预赛、决赛及开、闭幕式时的各个奥运会场馆及奥运村。

东风电动车辆股份有限公司场地车主要有电动观光车、电动游览车、电动警车、电动巡逻车、电动货车、电动高尔夫球车、电动多功能车等。图 1-31 所示为一款东风电动观光车的外形图。

图 1-30　比亚迪 T10 纯电动自卸车

图 1-31　东风电动观光车

（4）纯电动轿车

① 比亚迪纯电动轿车。作为国内新能源汽车领域的领导者之一，比亚迪纯电动轿车销量优势显著，占比超国内新能源汽车同期销量的 1/5，其中销量比较好的纯电动轿车有比亚迪秦EV300、比亚迪 e6（见图 1-32）、比亚迪 e5。比亚迪 e6 是全球首款纯电动出租车，提倡"减排、低碳"，一次充满电可续驶 300 km。比亚迪 e6 百公里能耗为 21.5 kW·h 左右，相当于燃油发动机汽车 1/4 ~ 1/3 的消费价格,且电能储备输出的动力非常强劲，在动力输出方面，功率可达 75 kW，10 s 内可达到最高车速 140 km/h。使用专业充电站，比亚迪 e6 可在 15 min 充至 80%电量，电费需要花费人民币 13 元左右［按 0.6 元/（kW·h）计算］。

图 1-32　比亚迪 e6 纯电动轿车

② 奔腾纯电动轿车（见图 1-33）。奔腾 B50 EV 采用一汽技术中心自主研发的纯电动乘用车动力平台，整个平台由电机、电池、减速器、整车控制器、电动附件和专用显示仪表等组成，该动力系统具有起动电爬行、纯电动、再生制动、电子驻车制动、家用充电、快速充电等功能。

2014 年上市的奔腾 B50 纯电动轿车在外观造型和车身尺寸方面，与现款汽油版 B50 保持一致。动力方面，采用的是富奥汽车零部件有限公司提供的电机和三元锂电池，电机额定功率为35 kW。

图 1-33　2014 款奔腾 B50 EV 轿车

③ 北汽纯电动轿车。北汽新能源作为纯电动汽车领航者，专注纯电动汽车领域，已经推出 EH、EU、EX、EV、EC、LITE 六大系列车型 10 余款纯电动轿车。北汽 301 EV 纯电动轿车曾经出现在 2008 年 4 月的北京车展上，当时命名为 C30 EV。该车型配备可输出 47 kW 的交流感应电机，峰值转矩 82 N·m，聚合物锂电子的电池容量为 100 A·h。301 EV 纯电动轿车的最高车速为 160 km/h，一次充电最高可行驶 200 km 以上，最大可爬 30°的斜坡。

北汽新能源 EH 300 是一款主打高端商务的纯电动汽车，总体来说更适合商务接待或是有公务需求的人群；而且它不仅是北汽新能源首款 B 级纯电动轿车，也是目前纯电动行政级商务轿车这一细分市场的少见车型之一。

北汽新能源 EH 300 搭载一台最大功率为 100 kW 的电机，配备三元锂电池，电池容量为 54.6 kW·h。综合工况续驶里程可达 300 km，60 km/h 等速情况下里程超过 380 km。具有快充和慢充两种充电方式，普通慢充 10 h 可将电池充满；快充 45 min 即可充到电池电量的 80%。

北汽 ET 400（见图 1-34）是北汽推出的一款纯电动 SUV。动力方面，新车搭载北汽新能源 e-Motion Drive 超级电驱技术，同时还有望配备更大功率的电池组，最大续驶里程将超过 400 km。新车还将搭载一套全新人工智能（AI）语音服务系统。

图 1-34 北汽 ET 400 纯电动 SUV

④ 奇瑞纯电动轿车。奇瑞瑞麒 M1 EV 纯电动轿车是在奇瑞 S18 平台基础上开发的一款车型，于 2008 年 11 月 5 日在电动汽车大会现场宣布上市销售。瑞麒 M1 EV 纯电动轿车搭载了大功率电驱动系统，并配备了 45A·h/60A·h 的高性能锂电池，最高车速为 120 km/h，最大续驶里程为 150 km。在普通 220 V 民用电源上慢充，充电时间在 6~8 h，利用专业充电站充到电池电量的 80%需要 0.5 h。

目前市场上在销售的奇瑞纯电动轿车为奇瑞 eQ，如图 1-35 所示。

奇瑞 eQ 搭载的是一台永磁同步电机，其最大输出功率为 42 kW，峰值转矩为 150 N·m。传动系统与电机匹配的是单一速比直驱无级变速系统。而变速杆上则有两种设计形式，舒适型为传统换挡手柄，豪华型则为换挡旋钮。

⑤ 长城哈弗电动轿车。继长城哈弗 M3 EV 电动汽车问世，经历欧拉电动汽车等车款，2017 年，首款纯电动轿车长城 C30 EV（见图 1-36）正式上市，共推出 3 款车型。

长城 C30 EV 采用三元锂电池，综合工况续驶里程 200 km，同时配备快充、慢充两种模式，常温情况下，仅需 40 min 即可充至 80%的电量。长城 C30 EV 纯电动轿车搭载水冷永磁同步交流电机，最大功率 90 kW，最大转矩 240 N·m，0～50 km/h 加速仅需 5.5 s，最高车速可达 140 km/h；同时还标配能量回收系统，增加 5%～15% 的续驶里程的同时，可辅助制动。

新车充分考虑了电池的安全问题，配备了全方位电池防护系统，雨天充电和普通涉水均可正常工作，极端碰撞条件下仍能保障安全。此外，长城 C30 EV 三大核心部件动力电池、电机、电控系统还提供 8 年或 12 万千米超长质保。

图 1-35　奇瑞 eQ 纯电动轿车　　　　　　　　　图 1-36　长城 C30 EV 纯电动轿车

⑥ 长安纯电动轿车。长安汽车继第一款纯电动轿车奔奔 MINI 研发成功后，经历欧尚、欧力威、逸动等车型的发展。

长安 CS15 EV（见图 1-37）基于燃油版的 CS15 打造，共推出 350e 和 350i 两款车型，60 km/h 等速续驶里程可达 350 km，综合续驶里程 300 km。

长安 CS15 EV 搭载一台永磁同步电机和一组 42.92 kW·h 的三元锂电池。最大功率为 55 kW，峰值转矩为 170 N·m，综合工况续驶里程为 300 km，在 60 km/h 等速工况下最大续驶里程可达 350 km。采用快充模式从 0 充至 80% 的电量只需 40 min，慢充模式下充满电量需要 10 h 左右。

图 1-37　长安 CS15 EV 纯电动轿车

⑦ 吉利纯电动轿车。继吉利熊猫纯电动微型汽车（A00 级）、2015 年首款吉利系列帝豪 EV 正式上市后，吉利纯电动轿车 2017 款吉利帝豪 EV 300（见图 1-38）也与人们见面了，它分为精英型、尊贵型和进取型 3 种车型。

电池类型为三元锂电池，最高车速为 140 km/h，续驶里程达 300 km，快充模式下 45 min 内电量可从 0 充至 80%。

图 1-38　吉利帝豪 EV 300 纯电动轿车

⑧ 荣威纯电动轿车。荣威 e1 是上海汽车集团股份有限公司旗下一款代表中国新能源汽车产业水平的纯电动概念车，也是 2010 年上海世博会中国国家馆内唯一的新能源汽车展品，是上汽瞄准国际先进水平，自主开发的一款纯电动汽车，2012 年年底实现量产。荣威 e1 为单厢三门四座 A00 级轿车，车身设计运用"One Box"概念，最大限度拓展车辆内部空间。

荣威 e1 搭载了性能安全的磷酸铁锂电池系统，最高车速为 120 km/h，最大续驶里程为 135 km，百公里加速时间为 16 s。该车具备快速充电功能，30 min 内可充电 80%。

经多年的研发，上汽设计生产了多款纯电动轿车，主要有荣威 E50、荣威 E550、荣威 E950、荣威 RX5 等。荣威"光之翼"纯电动概念车（见图 1-39），是上汽荣威于 2017 年上海车展推出的一款纯电动超级轿跑 SUV，最大续驶里程超过 500 km。2018 年，基于"光之翼"Vision-E 概念车打造的纯电动超级轿跑 SUV 和纯电动互联网商旅车正式上市。

"光之翼"Vision-E 概念车采用双电机驱动，百公里加速时间小于 4 s。新车电池能量仅为特斯拉 Model X 的一半，但最大续驶里程超 500 km，综合工况续驶里程超 400 km。此外，该车还将支持无线充电技术，充电 15 min 可达到 80% 的电池容量，足够行驶 250 km。

图 1-39　上汽荣威"光之翼"纯电动概念车

⑨ 日产启辰晨风纯电动轿车。启辰晨风（见图 1-40）是东风启辰在中国市场上的第一辆量产纯电动轿车，其电池、电机、电控等核心技术与全球畅销超过 25 万台的日产聆风一脉相承，日产聆风在海外已久经考验，很少出现任何电池安全事故。启辰晨风是 2014 年正式上市的，代表着全球纯电动汽车的先进技术水平。2016 年 4 月，启辰晨风智联版重磅上市。同年 11 月，晨风领航极地版于广州车展首次亮相，电池安全再度升级。

图 1-40　日产启辰晨风纯电动轿车

启辰晨风纯电动轿车充满电后可行驶 180 km（比之前透露的数据更长），使用 220 V 普通电源充满电时间为 8 h。如果有快速充电桩，充 3 min 可以让车子行驶 30 km，充 5 min 可以行驶 60 km，充 30 min 可以达到电池电量的 80%。

⑩ 江淮纯电动轿车。数据显示，2013 年以前，中国投放到市场上的纯电动轿车，江淮汽车占近 50%，经近几年的研发，江淮也不断使用迭代开发的技术，每年市场投放都有一定的批量，其中江淮 iEV4、江淮 iEV5、江淮 iEV6S（见图 1-41）均有不小的销量。

图 1-41　江淮 iEV6S 纯电动轿车

七、纯电动汽车高压安全基本注意事项

纯电动汽车高压系统的电压高达数百伏，放电电流高达 200 A 以上。整个高压系统有直流高压电和交流高压电，对绝缘安全性要求较高。车身和电器均存在高压安全危险。

学习、使用、维护和检修纯电动汽车时，应该严格按纯电动汽车高压安全操作规程操作。操作不当可能会发生人员触电、火灾甚至爆炸等事故，导致人身伤亡和财产损失。

1. 高压安全注意事项

① 在地面或车辆附近明显位置放置安全警示牌，以明示高压工作区域。不同企业生产的安全警示牌形式不同，图 1-42 为典型的高压安全警示牌式样。

图 1-42　高压安全警示牌

② 正确选择和佩戴高压安全防护用具。维修带有高压电的车辆时，工作人员必须做好防止被高压电击伤的安全防护。虽然现有的纯电动汽车都设计有防止意外触电功能，但是针对事故车辆及这些车辆的高压动力电池组总成是始终存在高压电的。

防止触电的个人防护装备主要有绝缘手套、护目镜、绝缘鞋以及绝缘工作服等。

a. 绝缘手套。如图 1-43 所示，用于高压车辆维修用的绝缘手套通常有两方面要求：一是在进行任何有关高压组件或线路的操作时，需要使用橡胶制成的电工绝缘手套，并能够承受 1000 V 以上的工作电压；二是具备抗碱性，当工作中接触来自高压动力电池组的氢氧化物等化学物质时，防止这些物质对人体组织的伤害。

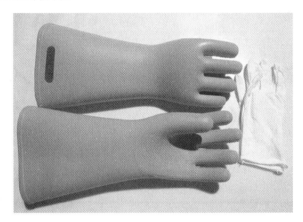

图 1-43　绝缘手套

绝缘手套需要定期检验，而且在每次使用前必须自行进行泄漏检查。检查的方法是向手套内吹入一定量的空气，观察手套是否有漏气的现象。

图 1-44 所示为绝缘手套的使用、检查流程与注意事项。

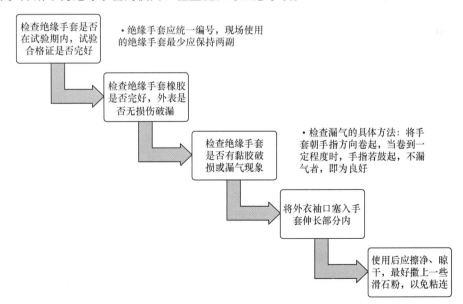

图 1-44　绝缘手套使用、检查流程与注意事项

b. 护目镜。如图 1-45 所示，护目镜可防止飞溅的电池液对眼睛的伤害。高压电车辆维修用的护目镜应该具有侧面防护功能，防止维修过程中产生的电火花对眼睛的伤害。

c. 绝缘鞋（靴）。绝缘鞋的作用是使人体与地面绝缘，防止电流通过人体与大地之间构成通路，对人体造成电击伤害，把触电时的危险降低到最小。因为触电时电流是经接触点通过人体流入地面的，所以电气作业时不仅要戴绝缘手套，还要穿绝缘鞋。

如图 1-46 所示，绝缘鞋根据国家标准《个体防护装备职业鞋》（GB 21146—2007）进行生产，电阻值范围为 100 kΩ～1000 MΩ，具有透气性能好、防静电、耐磨、防滑等特性。

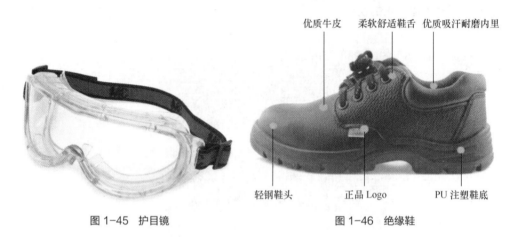

优质牛皮　柔软舒适鞋舌　优质吸汗耐磨内里

轻钢鞋头　　正品 Logo　　PU 注塑鞋底

图 1-45　护目镜　　　　　　　图 1-46　绝缘鞋

绝缘鞋也要定期进行检验，图 1-47 所示为绝缘鞋的使用、检查流程与注意事项。

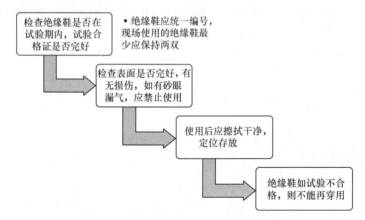

检查绝缘鞋是否在试验期内，试验合格证是否完好

• 绝缘鞋应统一编号，现场使用的绝缘鞋最少应保持两双

检查表面是否完好，有无损伤，如有砂眼漏气，应禁止使用

使用后应擦拭干净，定位存放

绝缘鞋如试验不合格，则不能再穿用

图 1-47　绝缘鞋使用、检查流程与注意事项

d. 绝缘工作服。维修高电压系统时，必须穿非化纤类的绝缘工作服，如图 1-48 所示。化纤类的工作服常会产生静电，并且当发生火灾事故时，化纤会在高温环境下粘连人体皮肤，导致维修人员受到严重的二次伤害。

③ 使用绝缘的维修工具。维护高电压类车辆时，必须使用带有绝缘功能的工具，这些工具包括常用的套筒、呆扳手、螺钉旋具、钳子、电工刀等，也包括专用的绝缘仪表，如数字万用表等，如图 1-49 所示。

图 1-48 绝缘工作服

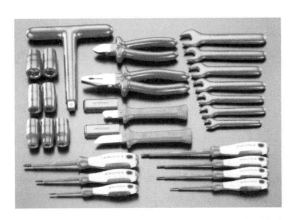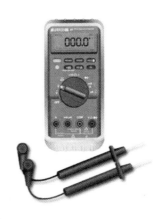

图 1-49 绝缘工具与绝缘仪表

使用绝缘工具可以有效防止意外触电事故的发生,我国的绝缘电动工具分为 I 类、II 类和III类 3 个类型,具体要求如下。

a. I 类工具是指采用普通基本绝缘体的电动工具。在防触电保护方面不仅依靠基本绝缘体,还应附加一个安全防护措施,即对正常情况下不带电,而在其基本绝缘体损坏时变为带电体的外露导电部分作保护接零。为了可靠,保护接零应不少于两处,并且还要附加漏电保护,同时要求操作者使用绝缘防护用品。

b. II 类工具是指采用双重绝缘或加强绝缘的电动工具。在防触电保护方面不仅依靠其基本绝缘体,而且有将其正常情况下的带电部分与可触及的不带电的可导电部分作双重绝缘或加强绝缘的隔离措施，相当于将操作者个人绝缘防护用品以可靠的、有效的方式设计制作在工具上。

c. III类工具是指采用特低安全电压供电的电动工具。在防触电保护方面依靠安全隔离变压器供电。

在高电压电动汽车维修时，要求使用II类及以上绝缘电动工具。

④ 注意分辨高压电缆和高压部件。橙色电缆及其所连接部件为交、直流高压电系统，存在高压电危险，严禁身体直接接触。

⑤ 车主及非电动汽车专业维修人员不得私自开启、拆装高压电气设备。

⑥ 如果高压熔断丝熔断，表明高压系统存在较大的故障，应与授权经销商联系，由专业人员进行维修。

2. 纯电动汽车使用注意事项

（1）充电

纯电动汽车不宜过充电、过放电，最理想的充电时机是动力电池放电深度为 50%～70% 时，建议每天充一次电，使电池经常处于浅循环状态，可延长电池寿命。要用 16 A 专用电线来接线，充电线路要选择合适的线径，线路敷设应固定安装，要加装短路和漏电保护装置。长期使用快充会造成电池寿命衰减，在具备充足充电时间的情况下，建议使用慢充补电。若纯电动汽车长期不用，要保持定期充电。

（2）停放

长时间停放应将辅助电池的电源线拔下来。不要长时间放置于潮湿、高温、阳光曝晒等环境下。

（3）使用

起动车辆之前（上电之前）检查一下所有的线路连接是否紧固、正确。确保动力电池电量充足，避免过放电。开车时尽量避免急加速、急制动等情况的出现。假如出现撞车等事故，首先要拔下钥匙，切断电源，并远离车辆，再寻求厂家或汽车维修 4S 店的帮助。

（4）检修

纯电动汽车专业维修人员需具备国家颁发的强电低压（1000 V 以下）电工维修资质才能进行维修操作。维修前，应首先拔下动力电池高压输出回路的维修开关（一般正规厂家生产的纯电动汽车的电池包上都有一个维修开关），然后再进行维修操作。操作步骤是：拔下钥匙，拔下维修开关，等 10 min 以上（不同厂家生产的纯电动汽车要求不同），让高压部件中的电容器件充分放电，然后再对纯电动汽车电气零部件及电缆线路进行检查、维修。

学习任务 1-2　纯电动汽车典型技术认识

【任务引入】

相对燃油发动机汽车而言，纯电动汽车有许多特有的典型技术，包括储能装置、电机、充电系统、制动助力与再生制动系统等，另外纯电动汽车的变速驱动桥、空调系统、信息显示系统、整车控制等方面也与燃油发动机汽车有所不同。

纯电动汽车使用与维修人员必须充分熟悉纯电动汽车各类典型技术应用情况，以便正确使用、维护及修理纯电动汽车。

本学习任务主要介绍纯电动汽车各类型典型技术的功能及结构原理。

【学习目标】

1. 能够正确描述应用于纯电动汽车的储能装置的种类、各类型动力电池的特点及应用情况。
2. 能够正确解释蓄电池的各项性能指标。
3. 能够正确描述电池管理系统的功能及组成。
4. 能够正确描述应用于纯电动汽车的各类电机的特点及应用情况。
5. 能够正确描述电机控制器的组成及各组成部分的功能。
6. 能够正确描述纯电动汽车充电系统的组成及各组成部分的作用。
7. 能够正确描述纯电动汽车充电方式的种类及特点。
8. 能够正确描述纯电动汽车常用变速器的种类及特点。
9. 能够正确描述纯电动汽车电动真空助力制动系统的组成及工作原理。
10. 能够正确描述纯电动汽车再生制动系统的组成及工作原理。
11. 能够正确描述纯电动汽车空调的制冷和制热方式的种类及原理。
12. 能够描述纯电动汽车新增仪表种类、功能、显示方式及控制原理。
13. 能够针对纯电动汽车，通过查阅技术资料和观察，了解其应用的各类典型技术。
14. 能够注意培养劳动保护、安全与环保意识和团队协作意识。

【相关知识学习】

一、动力电池及其管理系统

1. 动力电池的主要性能指标

（1）电压（V）

① 电动势。电动势是指电池正极和负极之间的电位差，通常用符号 E 表示。

② 开路电压。开路电压是指电池在开路时的端电压，一般开路电压与电池的电动势近似相等。

③ 额定电压。额定电压是指电池在标准规定条件下工作时应达到的电压。

④ 工作电压（负载电压、放电电压）。工作电压是指在电池两端接上负载后，在放电过程中显示出的电压。

⑤ 终止电压。电池在一定标准所规定的放电条件下放电时，电池的电压将逐渐降低，当电池不宜继续放电时，电池的最低工作电压称为终止电压。

放电条件也称为放电制度，即电池放电时规定的各种条件，主要包括放电电流、终止电压和温度等。放电曲线是指在一定的放电条件下连续放电时，电池的工作电压随时间的变化曲线，如图 1-50 所示。在曲线图上可以表征出电池放电过程的变化情况，同时也可通过放电曲线计算出放电时间和放电容量等。放电时率小者（放电电流大），其工作电压下降速度快，终止电压低，放电时间短，影响电池的实际使用效果。工作电压下降速度慢，往往能输出较多的能量。工作电压的变化速度有时也称作"放电曲线的平稳度"。

（2）电池容量（A·h）

电池在一定放电条件下所能放出的电量称为电池容量，以 C 表示，其单位常用 A·h 或 mA·h 来表示。电池的容量参数有以下几种。

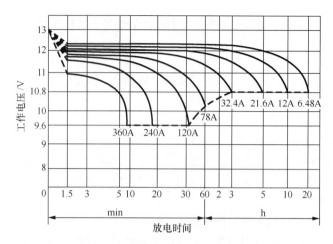

图 1-50　不同电流情况下的放电曲线

① 理论容量。根据蓄电池活性物质的特性，按法拉第定律计算出的最高理论值，理论容量一般用质量容量 A·h/kg 或体积容量 A·h/L 来表示。

 说明

　　这里所说的法拉第定律指的是法拉第第一定律，即在电极界面上发生化学变化物质的质量与通入的电量成正比。

② 实际容量。在一定条件下所能输出的电量，等于放电电流与放电时间的乘积。

③ 标称容量（公称容量）。它用来鉴别电池适当的近似容量值，由于没有指定放电条件，因此，只标明电池的容量范围而没有确切值。

④ 额定容量（保证容量）。按一定标准所规定的放电条件，电池应该放出的最低限度的容量。

⑤ 荷电状态（SOC）。荷电状态是指电池容量的变化情况，是电池在一定放电条件下，剩余电量与相同条件下额定容量的比值。SOC=1 即表示电池为充满状态。随着蓄电池放电，蓄电池的电荷逐渐减少，此时可以用 SOC 的百分数的相对量来表示蓄电池中电荷的变化状态。一般蓄电池放电高效率区的荷电状态为 SOC=50%～80%。对 SOC 精确的实时辨识，是电池管理系统的一个关键技术。

⑥ 放电深度（DOD）。放电深度是指放电容量与额定容量的百分比，与 SOC 之间存在如下关系：

$$DOD=1-SOC$$

放电深度的高低对二次电池的使用寿命有很大影响，一般情况下，二次电池常用的放电深度越深，其使用寿命就越短，因此在电池使用过程中应尽量避免二次电池深度放电。

（3）功率（W、kW）

在一定的放电条件下，电池在单位时间内所输出的能量称为电池的功率。电池的功率决定电动汽车的加速性能。电池的功率常用比功率和功率密度来表示。

① 比功率（W/kg）。比功率指单位质量电池所能发出的电功率。

② 功率密度（W/L）。功率密度指单位体积电池所能发出的电功率。

（4）能量（W·h、kW·h）

电池在一定放电条件下所能释放出的能量称为电池的能量。电池的能量决定电动汽车的行驶距离。蓄电池能量具体有以下指标。

① 标称能量。在标准规定放电条件下，电池所能够输出的能量称为标称能量。电池的标称能量是电池的额定容量与额定电压的乘积。

② 实际能量。在一定条件下电池所能输出的能量称为实际能量。电池的实际能量是电池的实际容量与平均工作电压的乘积。

③ 比能量（W·h/kg）。比能量指单位质量电池所能输出的能量。电池的质量包括电池本身结构件质量和电解质质量的总和。

④ 能量密度（W·h/L）。能量密度指单位体积电池所能输出的能量。

动力电池在电动汽车的应用过程中，由于电池组安装需要配备电池箱、连接线、电流电压保护装置等元器件，因此，实际的电池组比能量比单体电池比能量低20%以上。

（5）内阻

电流通过电池内部时受到阻力，使电池的电压降低，此阻力称为电池的内阻。由于电池的内阻作用，使得电池在放电时端电压低于电动势和开路电压，充电时的端电压高于电动势和开路电压。

（6）寿命

蓄电池的工作是一个不断充电→放电的循环过程。按一定的标准规定放电，当电池的容量降低到某一个规定值以前，就要停止继续放电，然后就需要充电才能继续使用。在每一个循环中，电池中的化学活性物质，要发生一次可逆性的化学反应。随着充电和放电次数的增加，电池中的化学活性物质会发生老化变质，逐渐削弱其化学功能，使得电池的充电和放电的效率逐渐降低，最后电池丧失全部功能而报废。

电池的寿命即从开始使用到报废所经历的时间，常用循环次数和使用年限来表示。

① 循环次数。从蓄电池开始第一次充电到报废时所经历的充/放电次数称为循环次数，也称为循环寿命。蓄电池的循环次数与电池的充电和放电的形式、电池的温度和放电深度有关，放电深度浅时，有利于延长电池的寿命。特别是电池在电动汽车上的使用环境，包括电池组中各个电池的均衡性、安装、固定方式，所受的振动和线路的安装等，都会影响电池的工作循环次数。

② 使用年限。从蓄电池开始使用到报废所经历的年数称为使用年限。

（7）放电率（放电速率）

电池放电的快慢称为放电率。放电率有时率和倍率两种表示方法。

① 时率（也称小时率）。电池以某种电流放电直到电池的电压降低到终止电压时，所经过的放电时间。

② 倍率。电池以某种电流放电时的电流值与额定容量电流值的比值（倍数）。

当放电电流大于或等于额定容量电流值时，该放电电流值用倍率表示；若放电电流小于额定容量电流值时，该放电电流值用时率表示。蓄电池的额定容量常用"C"来表示，则放电率用在C前加系数表示。例如：2 倍率，即 $2C$，其放电电流值为额定容量电流值的两倍，额定容量约 0.5 h 放完；2 小时率，即 0.5 C，其放电电流值为额定容量电流值的1/2，而额定容量约 2 h 放完电。

（8）自放电率

自放电率指电池在存放时间内，在没有负载的条件下自身放电，使得电池容量损失的速度。自放电率用单位时间（月或年）内电池容量下降的百分数来表示。

（9）成本

电池的成本与电池的技术含量、材料、制作方法和生产规模有关，目前新开发的高比能量的电池成本较高，使得电动汽车的造价也较高，开发和研制高效、低成本的电池是电动汽车发展的关键。

除上述主要性能指标外，还要求电池无毒性，对周围环境不会造成污染或腐蚀，使用安全，有良好的充电性能，且充电操作方便，耐振动，无记忆性，对环境温度变化不敏感，易于调整和维护等。

电池记忆效应是指电池长期不彻底充电、放电，易在电池内留下痕迹，即电池对日常的充、放电幅度形成记忆，日久就很难改变这种模式，不能再进行大幅度充电或放电，从而使用电池的容量降低的现象。

目前电池技术的瓶颈在于如何造出容量大（充满电后可以连续行驶 400 km 以上）、体积小、重量轻、价格低的电池，以及如何实现快速充电。

2. 铅酸蓄电池

（1）概述

正极板活性物质为二氧化铅，负极板活性物质为铅，以酸溶液为电解质的蓄电池称为铅酸蓄电池。

铅酸蓄电池由正极板、负极板、隔板、电池盖、电解液、加液孔盖和电池外壳等组成，正、负极板浸入稀硫酸电解液中成为单格电池。每个单格电池的标称电压为 2 V，因此，6 格串联起来成为 12 V 蓄电池。

电动汽车使用的动力铅酸蓄电池型号为××V-××Ah。例如 12 V-120 Ah，连字符前面部分表示铅酸蓄电池的标称直流电压，后面部分表示铅酸蓄电池的标称容量。

（2）常用动力铅酸蓄电池

应用于电动汽车的动力铅酸蓄电池主要有阀控免维护铅酸蓄电池（VRLA）、胶体型铅酸蓄电池、水平式蓄电池与双极式蓄电池 4 种。

① 免维护铅酸蓄电池。免维护蓄电池是指在使用寿命期限内，除要保持表面清洁外，不需其他维护的蓄电池。

② 胶体型铅酸蓄电池。胶体型铅酸蓄电池是指其电解液是由稀的硫酸钠溶液和硅酸溶液混合成胶状物质的蓄电池。这种蓄电池因为其电解液的流动性不强，所以在储存、保管、运输及使用过程中都比较安全，但其容量与普通蓄电池相比有所降低。

③ 水平式蓄电池与双极式蓄电池。所谓水平式蓄电池就是极板为水平安置的电池，其结构如图 1-51（a）和图 1-51（b）所示。

所谓双极式蓄电池是将原蓄电池的隔板去掉，正、负极板合一，一面涂正极板活性物质，另一面涂负极板活性物质，如图 1-51（c）所示。据报道，英国一家公司用钛化合物作电极制成的铅酸蓄电池比能量达到 60 W·h/kg，几乎接近镍氢电池、锂电池的比能量。如果在技术上突破的话，价格低廉的铅酸蓄电池会大力促进电动汽车的推广和普及。

（3）特点

① 优点。

a. 电压高，单体电压为 2.0 V。在常用蓄电池中，仅次于锂电池。

b. 价格低廉。

c. 可制成小至 1 A·h、大至几千安时的各种尺寸和结构的蓄电池。

d. 高倍率放电性能良好，可用于发动机起动。

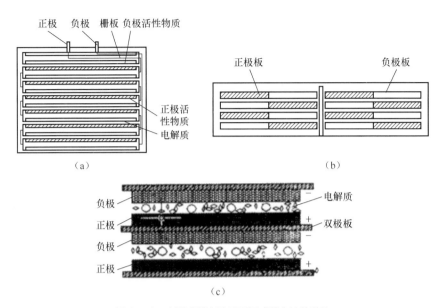

图 1-51 水平式蓄电池及双极式蓄电池的结构

e. 高低温性能良好，可在-40～60℃条件下工作。

f. 电能效率高，可达 60%。

g. 易于浮充使用，没有记忆效应。

h. 易于识别荷电状态。

② 缺点。

a. 比能量低，在电动汽车中所占的质量和体积较大，一次充电续驶里程短。

b. 使用寿命短，使用成本高。

c. 充电时间长。

d. 存在铅污染。

（4）应用

早期生产的电动汽车大多采用铅酸蓄电池，如五十铃 Eif Resort、大发 Hijet Van、铃木奥拓、富士 Samber EV 等。低速纯电动汽车多采用免维护铅酸蓄电池，如山东时风电动汽车即采用 10 块 GD04B 动力铅酸蓄电池串联成的电池组，额定电压为 60 V。采用动力铅酸蓄电池的典型纯电动乘用车代表是风靡一时的美国通用汽车公司的纯电动汽车 EV-1。我国株洲时代集团公司研发的 TEG6120EV-2 型电动大客车采用水平式铅酸蓄电池为动力电源，工作电压为 384 V。

3. 镍氢（NI-MH）蓄电池

（1）概述

以镍化合物（通常为氢氧化镍）为正极板活性材料，以储氢合金为负极板材料（活性物质为氢），电解质是水溶性氢氧化钾和氢氧化锂的混合物的电池称为镍氢蓄电池，简称镍氢电池，属于碱性电池。

镍氢电池的正极是球状氢氧化镍粉末与添加剂钴等金属、树脂和黏合剂等制成的涂膏，用自动涂膏机涂在正极板上，然后经过干燥处理成发泡的氢氧化镍正极板。

镍氢电池的负极的关键技术是储氢合金，储氢合金是一种允许氢原子进入或分离的多金属合金的晶格基块，用钛-钒-锆-镍-铬（Ti-V-Zr-Ni-Cr）5 种基本元素，并与钴、锰等金属元素烧结的合金，经过加氢、粉碎、成型和烧结成为负极板。

（2）特点

与铅酸蓄电池相比，镍氢电池具有以下特点。

① 比功率高。比功率可达到 200 W/kg，是铅酸蓄电池的 2 倍，能够提高车辆的起动性能和加速性能。目前商业化的镍氢功率型电池的比功率已经达到 1350 W/kg。

② 比能量高。镍氢电池的标称电压为 1.2 V，比能量可达到 70～80 W·h/kg，有利于延长电动汽车的续驶里程。

③ 寿命长。在 80% 的放电深度下，循环寿命可达到 1000 次（或 10 年）以上，是铅酸蓄电池的 3 倍。100% 放电深度循环寿命也在 500 次以上，在混合动力汽车中可使用 5 年以上。

④ 无重金属污染。镍氢电池中没有铅（Pb）和镉（Cd）等重金属元素，不会对环境造成污染。

⑤ 耐过充电和过放电。镍氢电池有高倍率的放电特性，短时间可以以 3C 放电，瞬时脉冲放电率很大。镍氢电池的过充电和过放电性能好。

⑥ 可以快速充电。在 15 min 内可充 60% 的容量，1 h 内可以完全充满，应急补充充电的时间短。

⑦ 无记忆效应。故可以随充随放。

⑧ 使用温度范围宽。正常使用温度范围为 -30～55℃；存储温度范围为 -40～70℃。

⑨ 安全性好。短路、挤压、针刺、安全阀工作能力、跌落、加热、耐振动等安全可靠性试验无爆炸、燃烧现象。采用全封闭外壳，可以在真空环境中正常工作。

镍氢电池的主要缺点是充电时发热量大，需采用有效的散热系统。

（3）应用

汽车动力电池组经常处于充电、放电状态，而且充电、放电是不规律地进行的，这对电池的寿命带来严重的影响。松下电池公司，通过模拟混合动力汽车行驶工况对镍氢电池进行仿真试验，证实镍氢电池的特性几乎不发生变化，镍氢电池用于混合动力汽车是比较合适的，但也有将其应用于纯电动汽车上的，如日本丰田汽车公司的 RAV4 EV 配置动力电池组由 24 节 12 V 的镍氢电池组成，总电压为 288 V。

4. 锌空气电池

（1）概述

锌空气电池以锌（Zn）为负极，空气电极为正极（活性物质为氧气），以 KOH 溶液为电解质。

锌空气电池的化学反应与普通碱性电池类似，在特殊催化剂的作用下，当电池放电时，锌摄取输送炭块内从空气中吸附到的氧气，锌和氧气发生化学反应生成氧化锌（ZnO）。

正、负极之间发生的化学反应是不可逆的，没有充电过程，反应过的物质要清除掉，所以锌金属的消耗量较大。单体锌空气电池的工作电压为 1.1～1.4 V。

（2）特点

① 优点。

a. 比能量大。锌空气电池的理论比能量为 1350 W·h/kg，实际比能量为 180～230 W·h/kg；能量密度为 230 W·h/L。

b. 充电时间短。锌空气电池采用机械充电模式，充电时间只需几分钟。

c. 性能稳定。单电池有良好的一致性，可以深度放电，电池容量不受放电强度和温度的影响，可以在 –20 ～ 80℃ 的环境条件下工作。放电时不产生压力，没有气体生成，可以实现密封免维护，便于电池组能量管理。

d. 安全性好。即使外部遇到明火、短路、穿刺、撞击等情况，都不会发生燃烧、爆炸。

e. 环保。电池正极采用活性炭、铜网，负极采用金属锌，没有使用有毒害的物质。

f. 可再生利用。锌电极使用完后，可通过再生还原得到再次使用。

g. 充电方便。由于锌空气电池的充电主要是更换极板，所以极板的再生可以集中进行。极板的分发可以像商店那样布点，不必建立专用的充电站。这不但可以节约大量先期投资，而且给用户带来很多方便。

② 缺点。锌空气电池对水分、二氧化碳非常敏感，如果相对湿度发生变化，电池的特性也会发生相应变化。锌空气电池的临界相对湿度约为 60%，如果偏离过高就会严重影响电池的使用效果。经研究，如果相对湿度小于 60%，电池会失去水分；大于 60% 时水分又会过多，电池可能出现泄漏。随空气进入的二氧化碳将会与电解质（KOH）发生化学反应，使电解液酸化，生成碳酸（或亚碳酸）盐在电极上结晶，阴极会受到损坏，并会有堵塞空气通路的危险。

（3）应用

锌空气电池多应用于纯电动商用车上，如德国研发的锌空气电池邮政车，采用了以色列电燃料有限公司开发的锌空气电池。美国 Dreisback Electromotive 公司开发的锌空气电池，已在公共汽车和总质量 9t 的货车上使用。德国奔驰汽车公司的 MB410 型电动厢式车，标准总质量为 4000 kg，采用 150 kW·h 的锌空气电池。瑞典斯德哥尔摩市的电动货车、电动客车和电动服务车辆上，采用的锌空气电池比能量为 180 W·h/kg，功率密度为 100 W·h/L，续驶里程在 350 ～ 425 km。我国国内部分厂家已经在注入式锌空气电池方面开展了多年的研究工作，并且在部分电动汽车辆上进行了试验性装车测试。2010 年，应用于北京市的电动大客车和环卫车，投入市公交和环卫系统的试验运行。

5. 锂电池

（1）概述

以锂化合物为正极板活性材料，以石墨等为负极板材料，以无水有机物为电解质的电池称为锂离子蓄电池，简称锂电池。

根据锂电池所用电解质材料不同，锂电池可分为液态锂电池（LIB）和聚合物锂电池（LIP）两大类。上述两种锂电池的正、负极材料是相同的，基本原理也相似。

锂电池的正极材料有很多种，主要有钴酸锂、锰酸锂、镍酸锂、三元材料（镍、钴、锰）、磷酸铁锂等，相应的名称为钴锂电池、锰锂电池等，用三元材料为正极的锂电池则称为三元锂电池。

（2）特点

① 优点。

a. 工作电压高。单体锂电池的工作电压为 3.6 V，是镍氢电池的 3 倍，是铅酸蓄电池的近 2 倍。

b. 比能量高。比能量高达 150 W·h/kg，是镍氢电池的 2 倍，是铅酸蓄电池的 4 倍，因此质量是相同能量的铅酸蓄电池的 1/3 ～ 1/4；体积小，能量密度高达 400 W·h/L，体积是铅酸蓄电池的 1/2 ～ 1/3。

　　c. 循环寿命长。循环次数可达 1000 次（10 年以上或 20 万千米）。以容量保持 60% 计，电池组 100% 充/放电循环次数可以达到 600 次以上，使用年限可达 3～5 年，寿命为铅酸蓄电池的 2～3 倍。

　　d. 自放电率低。每月自放电仅为 6%～8%，远低于其他类型的动力电池。

　　e. 无记忆效应。可以随时随地进行充电。

　　f. 无污染。锂电池中不存在有毒物质，因此被称为"绿色电池"。

　　g. 重量轻。锂电池具有更合理的结构和更美观的外形设计条件、设计空间和可能性。

　　② 缺点。

　　a. 成本高。主要是正极材料的价格高，但按单位容量的价格来计算，锂电池的成本只高于铅酸蓄电池。

　　b. 必须有特殊的保护电路，以防止过充电。

　　（3）应用

　　目前，全球汽车制造商应用的锂电池主要有三大代表种类，即以特斯拉为代表的镍钴铝酸锂电池（钴酸锂电池）、以比亚迪为代表的磷酸铁锂电池和以日本汽车为代表的锰酸锂电池。如日产的 Leaf 即采用 48 个电池单元组成层叠式紧凑型锂电池组，提供超过 90 kW 的输出功率。另外，三菱的 i-MiEV、雪佛兰 VOLT 等电动汽车均采用锂电池。

6. 石墨烯电池

　　（1）概述

　　石墨烯电池是利用锂离子在石墨烯表面和电极之间快速大量穿梭运动的特性，开发出的一种新能源电池。这种新的电池可把数小时的充电时间压缩至短短不到 1 min。有人认为，未来 1 min 快充石墨烯电池实现产业化后，将带来电池产业的变革，从而也促使新能源汽车产业的革新。

　　目前对石墨烯电池的研究总体上分两方面：一是在传统锂电池上进行应用，目的是改进、提升锂电池的性能，这类电池不会产生颠覆性的影响；二是依据石墨烯制造一个新体系的电池，它是一个崭新的系列，在性能上是颠覆性的，称作"超级电池"。因此可以认为，目前研发的石墨烯电池仍属于锂电池系列。

　　石墨烯的微观构造，是一个由碳原子所组成的网状结构（见图 1-52）。因为具有极限的厚度（只有一层原子的厚度），所以阳离子的移动所受的限制很小。同时正因为具有网状结构，由石墨烯所制成的电极材料也拥有充分的孔洞，使用石墨烯作为电池的阳极材料，其充/放电速度将超过锂电池的 10 倍。

图 1-52　石墨烯材料微观结构

　　研究发现，将 6 个石墨烯电路形成串联，放在氯化铜溶液中，就可产生所需的 2 V 电压，使 LED（发光二极管）灯发亮，如图 1-53 所示。

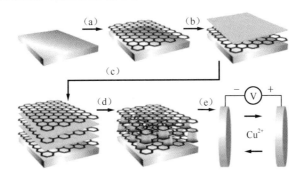

图 1-53　石墨烯电池原理

（2）应用

　　据报道，西班牙 Graphenano 公司（一家以工业规模生产石墨烯的公司）同西班牙科尔瓦多大学合作研制出首例石墨烯聚合材料电池，其储电量是目前市场最好产品的 3 倍，用此电池提供电力的电动汽车最多能行驶 1000 km，而其充电时间不到 8 min。虽然此电池具有各种优良的性能，但其成本并不高。Graphenano 公司相关负责人称，此电池的成本将比锂电池低 77%，完全在消费者承受范围之内。此外，在汽车燃料电池等领域，石墨烯电池还有望带来革命性进步。

　　2014 年 12 月，美国电动汽车制造商特斯拉发布了两年前停产的第一代车型 Roadster 的升级版，续驶里程达到 644 km，高出原版 60%。电池技术的进步提升了特斯拉产品的性能，此前 Roadster 的续驶里程是 393 km。特斯拉首席执行官（CEO）马斯克称，特斯拉的高性能石墨烯电池，相比目前的容量增长近 70%。

7．电池管理系统

（1）电池管理系统的作用

　　电池管理系统（Battery Management System，BMS）的作用之一就在于避免电池组出现各类安全问题，需要动态监测动力电池组的工作状态，实时采集每块电池的端电压和温度、充/放电电流及电池组总电压，估算出各电池的 SOC、安全状态（State Of Health，SOH）和电化学状态（State Of Electroformation，SOE）。然后通过控制相关器件，防止电池发生过充电或过放电现象，同时能够及时给出电池状况，找出有故障电池所在箱号和箱内位号，挑选出有问题的电池，保持整组电池运行的可靠性和高效性。

　　此外，BMS 还需要设定面向用户端的显示，将估算的剩余电量换算成可行驶里程，同时，还需要有自动报警和故障诊断功能，方便驾驶人员操作和处理。因此，BMS 的任务可归纳为：数据采集电路首先采集电池状态信息数据，再由电子控制单元（ECU）进行数据处理和分析，然后根据分析结果对系统内的相关功能模块发出控制指令，并向外界传递信息。

（2）电池管理系统结构

　　电池管理系统最基本的作用是进行电池组管理，还包括电线线路管理、热（温度）管理和电压平衡控制。图 1-54 所示为 BMS 系统结构框图。

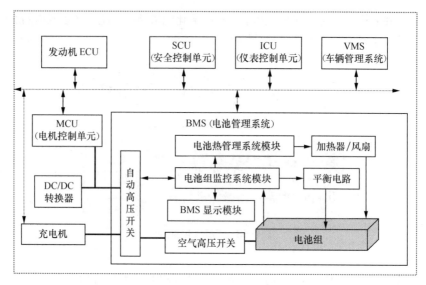

图 1-54　BMS 系统结构框图

① 电池组管理系统。电池组管理系统主要用来管理电池的工作情况，避免出现过放电、过充电、过热，对出现的故障应能及时报警，以便最大限度地利用电池的存储能力和循环寿命。电池组管理系统的功能包括电池组电压测试、电池组电流测试、电池组和单节电池的温度测试、SOC计算及显示、电池组剩余电量显示、车辆在线可行驶里程显示、自动诊断系统和报警、安全防护。

② 电线线路管理系统。电线线路管理系统包括动力电池组分组及连接、动力电线束、手动或自动断电器、传感器的类型、传感器线束。

③ 热（温度）管理系统。管理电池组组合方式、分组及布置，温度管理 ECU 通过温度传感器输入信号，控制冷却风扇，以实现通风与热能的管理与应用。

④ 电压平衡控制系统。电压平衡控制系统可平衡各电池的充电量，延长电池寿命，并对更换后的新电池进行容量平衡。

8. 目前我国动力电池应用状况

（1）各类型动力电池性能比较

应用于纯电动汽车的各类型动力电池的性能比较，见表 1-4。

表 1-4　应用于纯电动汽车的各类型动力电池的性能比较

电池类型	比功率/（W/kg）	比能量/（W·h/kg）	充电时间	污染	循环寿命
铅酸蓄电池	130	35	18~24 h	有	500~900 次
镍氢电池	200	70~80	1 h	无	1000 次以上
锌空气电池	100	1350	几分钟	无	100 次以上
锂电池	315	120	2~4 h	无	1000 次
超级电容	5000	20	10 s	无	50 万次
飞轮电池	150	10000	18 min	无	25 年

（2）目前我国动力电池应用状况

① 以磷酸铁锂电池为主。2013 年，国内新能源汽车示范推广车辆的电池装车总容量为 86.52 万

千瓦·时,其中,磷酸铁锂电池为82.1万千瓦·时,为装车总容量的95%左右,占绝对的主导地位。

2013年排名前五的纯电动乘用车分别是江淮HFC7000A EV、上海华普SMA7000 BEV、上海华普SMA7001 BEV、北汽股份BJ7000B3D1 BEV和比亚迪QCJ7006 BEVF,上述5款纯电动乘用车均装用磷酸铁锂电池。2013年排名前五的纯电动客车分别是比亚迪CK6120LG EV2、五洲龙FDG613 EVG3、北汽股份BJ6400L3R BEV、比亚迪CK6120LG EV1和比亚迪CK6120LG EV,上述5款纯电动客车均装用磷酸铁锂电池。

② 三元系锂电池(也称三元锂电池)市场份额快速提升。磷酸铁锂电池在电动汽车上的应用受限于其能量密度问题。三元锂电池与磷酸铁锂电池相比造价较高,但能量密度高,低温性能好。所采用的是陶瓷隔膜,当电池内部短路时,可隔开短路源,所以明显提高了三元锂电池的安全性能。全球范围内,三元锂电池的研发生产日益受到重视,材料性能得到不断提升,应用领域得到不断拓展。

2014年以来,北汽新能源、江淮、奇瑞等企业都开始在新车上应用三元锂电池,而一直使用磷酸铁锂电池的比亚迪也计划在新车型上应用这一技术。所以,在2015年之后的一段时间内,我国动力电池领域将由目前的磷酸铁锂电池、三元锂电池的并行态势逐渐向三元锂电池倾斜。据高工产研锂电池研究所的数据,2015年上半年,我国汽车动力锂电池产值为112亿元,其中三元锂电池占比由2014年的10%大幅提升至21%。

表1-5列出了目前我国部分新能源汽车车型动力电池配备情况。

表1-5　目前我国部分新能源汽车车型动力电池配备情况

车型名称	电池类型	电池容量/(kW·h)	综合工况续驶里程/km
北汽 EV150 二代	三元锂	30	200
北汽 EV200	三元锂	30.4	245
北汽 ES210	三元锂	38	210
奇瑞 eQ	三元锂	22.3	200
江淮 iEV4	磷酸铁锂	19.2	152
江淮 iEV5	三元锂	23.3	200
上汽 E50	磷酸铁锂	18	120
比亚迪 e6 2015 款	磷酸铁锰锂	63.4	260
腾势 2014 款	磷酸铁锂	47.5	253
吉利知豆	三元锂	15.1	150
启辰晨风	锰酸锂	24	175
长安逸动 EV	三元锂	26	200
众泰芝麻 E30	三元锂	16	150
众泰云 100	三元锂	18	155

二、其他储能装置

1. 超级电容

超级电容属于物理电池。物理电池在储存能量、释放能量时不发生化学变化。

(1)概述

超级电容也称为电化学电容器、双电层电容器,它依靠电解质与电极接触界面上形成的特有双电层结构储存能量，是一种新型储能装置。

超级电容的特点是：可以在大电流下快速充/放电，提供很大的瞬时充/放电功率，循环寿命长，工作电压和温度范围宽。

因为传统的蓄电池（如铅酸蓄电池）功率密度偏低，因此不能满足车辆的频繁起步、加速和制动工况的要求，而且加速时消耗了过多的能量，致使车辆的续驶里程不能满足要求。加装超级电容的车辆就可以有效地解决这一问题，既可以提供较大的驱动电流，满足车辆在特殊行驶工况时的要求，又可以节省动力电池的能量，延长车辆的续驶里程，同时减少了动力电池的频繁充/放电的工作状态，提高了动力电池的使用寿命。

（2）使用方式

超级电容和 DC/DC 转换器系统搭配是常用的使用方式。超级电容和动力电池采用并联的连接方式。当用动力电池与超级电容进行组合时，所选的动力电池必须能提供高比能量，因为超级电容本身比动力电池具有更高的比功率和更高效回收制动能量的能力。由于用在电动汽车上的超级电容相对而言电压较低，所以需要在动力电池和超级电容之间加一个 DC/DC 转换器。图 1-55 所示为动力电池和超级电容复合能量的结构示意图。

电容在车辆正常行驶的时候，不参与工作；但当车辆进行加速或上坡时，电容通过 DC/DC 转换器的控制提供短期的大电流，并与动力电池共同供电，两者再经过电机控制器的调控，供给电机驱动车辆。当电容的电压低于动力电池的端电压时，DC/DC 转换器通过工作电路降压，使得超级电容达到能量饱和状态。在动力电池急需能量时通过控制电路对电容能量进行升压输出到动力电池正负端。

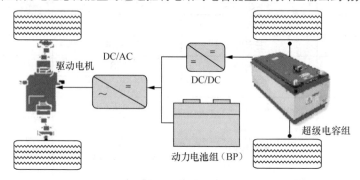

图 1-55　动力电池+超级电容器复合能量结构示意图

（3）特点

① 充电速度快。充电 10 s ~ 10 min 可达到其额定容量的 95%以上。

② 循环使用寿命长。深度充/放电循环使用次数最高可达 50 万次，没有记忆效应。

③ 大电流放电能力超强，能量转换效率高。大电流能量循环效率超过 90%。

④ 比功率高。比功率可达 300 ~ 5000 W/kg，相当于电池的 5 ~ 10 倍。比能量可达 20 W·h/kg。

⑤ 环保。产品原材料构成、生产、使用、储存以及拆解过程均没有污染，是理想的绿色环保电源。

⑥ 安全。充/放电线路简单，无需充电电路，安全系数高，长期使用免维护。

⑦ 超低温特性好。温度范围宽（-40 ~ +70℃）。

⑧ 检测方便。剩余电量可直接读出。

⑨ 容量范围宽。容量范围通常 0.1 ~ 1000 F。

（4）应用

日本是将超级电容应用于混合动力电动汽车的先驱,超级电容是近年来日本电动汽车动力系统开发中的重要领域之一。

2004 年 7 月,我国首部"电容蓄能变频驱动式无轨电车"在上海张江投入试运行,该公共电车利用超级电容比功率大和公共交通定点停车的特点,当电车停靠在站点时在 30s 内快速充电,充电后就可持续提供电能,车速可达 44 km/h。哈尔滨工业大学和哈尔滨巨容新能源有限公司研制的超级电容电动公交车,可容纳 50 名乘客,最高速度为 20 km/h,2010 年上海世博会期间,在世博园内也运行了采用超级电容驱动的电动客车。

在纯电动汽车和混合动力电动汽车上采用超级电容与动力电池复合电源系统被认为是解决未来电动汽车动力问题的最佳途径之一。随着对电动汽车用超级电容的进一步研究和开发,超级电容–动力电池复合电源系统在满足性能和成本要求上更具有实用性,其市场前景广阔。

英国伦敦大学帝国理工学院正在研发一种聚合树脂和碳化纤维的复合物,首先把纳米结构的碳纤维材料制成薄片,然后成型、烘干、硬化,再把超级电容植入其间。可以通过叠加的方式,将其做成电池模块,并做成车身面板的样子,布置在车身框架之上。研究显示,这种新型材料电池的充电速度比常规电池组更快,面且强度更好,适用性更强,可以取代车身面板,从而节省电池组所需空间。这种新型电池面板可以取代车门、行李厢盖、发动机罩、车顶等。如果用这种新材料来代替传统的钢板车身,整个汽车的重量将会减少 15%。这样不仅可以减轻电动汽车的重量,同时也能存储更多能量。

2. 飞轮电池

（1）概述

飞轮电池就是以机械飞轮来存储能量的装置,也称高速飞轮、储能飞轮等。典型的飞轮电池结构如图 1-56 所示,其基本工作原理如图 1-57 所示。外界输送过来的电能通过电机转换为飞轮转动的动能储存起来,当外界需要电能的时候,又通过发电机将飞轮的动能转换为电能,输出到外部负载,而空闲运转时的损耗非常小。为了减少空闲运转时的损耗,提高飞轮的转速和飞轮储能装置的效率,飞轮储能装置轴承的设计一般都使用非接触式的磁悬浮轴承技术,而且将电机和飞轮密封在一个真空容器内以减少风阻。

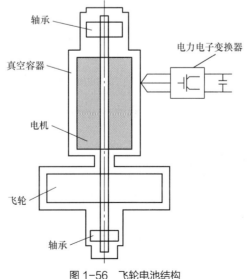

图 1-56　飞轮电池结构

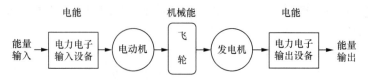

图 1-57　飞轮电池工作原理

发电、电动通常使用一台电机来实现，通过轴承和飞轮连接在一起，这样，在实际常用的飞轮储能装置中，主要包括飞轮、轴、轴承、电机、真空容器和电力电子装置。

（2）特点

① 比能量高。飞轮电池比能量可达 150 W·h/kg，约是镍氢电池的 2 倍。

② 比功率高。飞轮电池比功率达 10000 W/kg，高于一般化学动力电池和燃油发动机。

③ 充电时间短。其可在 18 min 内完成快速充电，且能量储存时间长。

④ 寿命长。整个电池的使用寿命远长于各种化学动力电池，使用寿命长达 25 年，可供电动汽车行驶 500 万千米。

⑤ 环保。飞轮为纯机械结构，不会像发动机那样产生排气污染，同时也没有化学动力电池的化学反应过程，不会引起腐蚀，也无废料的处理回收问题。

（3）使用方式

飞轮电池与具有两种工作模式（电动、发电）的电机转子相结合，能够将电能和机械能进行双向转换。图 1-58 所示为这种飞轮电池和动力电池构成的复合能量结构，所选用的动力电池应能提供高比能量。飞轮最好与无刷交流电机结合使用，因为这种电机的效率比直流电机高，因而应在动力电池和飞轮之间加一个 DC/AC（直流/交流）转换器。

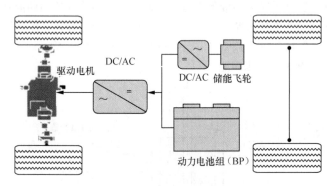

图 1-58　动力电池+飞轮电池复合能量结构示意图

（4）应用

就目前的技术来看，飞轮电池电动汽车还不能广泛应用，由于飞轮储能装置本身的特点，它更加适用于复合动力汽车和混合电动汽车技术中。

20 世纪 80 年代初，瑞士 Oerlikon Energy 公司研制成功了完全由飞轮电池供电的电动公交客车，飞轮直径为 163 mm，可载乘客 70 人。1992 年，美国飞轮系统公司（ASF）采用纤维复合材料制造飞轮，并开发了飞轮电池电动汽车，该车一次充电续驶里程达到 600 km。

三、驱动电机及其控制器

1. 驱动电机

（1）电机的主要性能指标

适用于电力驱动的电机可分为直流电机（将直流电能转换为机械能的电机）和交流电机（将交流电能转换为机械能的电机）两大类。目前在电动汽车上已应用的和有应用前景的有直流电机、三相异步电机、永磁同步电机、永磁无刷电机和开关磁阻电机。

驱动电机的主要性能参数有额定功率、额定电压、额定电流、额定频率、额定转速、额定效率、额定功率因数、绝缘等级、比功率、过载能力、机械特性、尺寸参数、质量参数、可靠性和成本等。

① 额定功率。额定功率指电机在制造厂所规定的额定条件下运行时，其输出端的机械功率，单位一般为 kW。

② 额定电压。额定电压是指电机在额定条件下运行时，外加于定子绕组上的线电压，单位为 V。一般规定电机的工作电压不应高于或低于额定值的 5%。当工作电压高于额定值时，电机容易发热；当工作电压低于额定值时，会引起输出转矩减小，转速下降，电流增加，也会使绕组过热。

③ 额定电流。额定电流指电机在额定电压和额定输出功率时，定子绕组的线电流，单位为 A。

④ 额定频率。额定频率是指交流电机使用的交流电频率。我国电力网的频率为 50 Hz，因此除部分外销产品外，国内用的交流电机额定频率均为 50 Hz。

⑤ 额定转速。额定转速指电机在额定电压、额定频率下，输出端有额定功率输出时，转子的转速，单位为 r/min。电动汽车所采用的感应电机的额定转速一般为 8000～12000 r/min。

⑥ 额定效率。额定效率指电机在额定条件下运行时的效率，是额定输出功率与额定输入功率的比值。电机在其他工况运行时的最大效率为峰值效率，整体效率越高越好。电动汽车还需要在车辆减速和制动时实现能量回收，再生制动回收能量一般可达到总能量的 10%～15%。

⑦ 额定功率因数。对于交流电机，定子相电流比相电压滞后一个角 φ，$\cos\varphi$ 就是异步电机的功率因数。三相异步电机的功率因数较低，在额定负载时为 0.7～0.9，而在轻载和空载时更低。因此，必须正确选择电机的容量，防止出现"大马拉小车"的现象，并力求缩短空载时间。

⑧ 绝缘等级。绝缘等级表示电机绕组绝缘能力的大小。绝缘等级是按电机绕组所用的绝缘材料在使用时容许的极限温度来分级的。所谓极限温度，是指电机绝缘结构中最热点的最高容许温度。绝缘等级与极限温度的对应关系，见表 1-6。

表 1-6　绝缘等级与极限温度的对应关系

绝缘等级	A	E	B	F	H
极限温度/℃	105	120	130	155	180

⑨ 比功率。比功率指单位质量电机输出的功率，单位是 kW/kg，比功率越大越好。

⑩ 过载能力。过载能力指电机在超过额定载荷（功率、转矩、电流等）条件下工作的能力。电动汽车电机应具有较大的起动转矩和较好的调速性能，这样可以使汽车有良好的起动性和加速性，以获得所需要的起动、加速、行驶、减速、制动等的功率与转矩。

除了上面所述及的性能参数外，电机还要求可靠性好，耐湿和耐潮性好，运行噪声低，振动小，能够在较恶劣的环境下长时期工作，结构简单，适合大批量生产，使用维修方便，性价比高等。

（2）直流电机

直流电机是将直流电能转换为机械能的电机。因其良好的调速性能而在电力驱动中得到广泛应用。

直流电机主要由定子、转子、电刷总成、风扇及端盖等组成，如图1-59所示。

① 特点。

a. 调速性能好。直流电机可以在重负载条件下，实现均匀、平滑的无级调速，而且调速范围较宽。

b. 起动转矩大。起动时即可均匀而经济地实现转速调节，因此，凡是在重负载下起动或要求均匀调速的机械，如电动汽车都可用直流电机驱动。

c. 控制比较简单。直流电机一般用斩波器控制，它具有高效率、控制灵活、质量轻、体积小、响应快等优点。

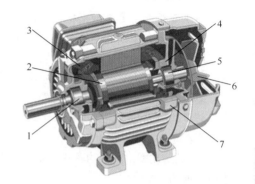

图1-59　直流电机构造

1、5—轴承；2—转子；3—电刷总成；4—端盖；
6—风扇；7—定子

d. 有易损件。由于存在电刷、换向器等易磨损器件，所以必须进行定期维护或更换。

② 分类。励磁直流电机按励磁方式分为他励和自励两类，其中自励又分为并励、串励和复励3种。电动汽车上常用的有并励直流电机和串励直流电机。

③ 应用。并励直流电机在早期电动汽车上应用较多，如五十铃 Eif/Resort、大发 HijetVan、铃木奥拓等，斯巴鲁 Samber EV Classic 电动汽车即采用额定功率为 25 kW 的恒转矩串励直流电机作为驱动电机。

串励直流电机是早期电动汽车上采用的电机，低速时转矩较大，高速时励磁变弱，电机仅采用电枢就可以进行转矩控制，十分简单。由于这种电机的转矩特性与采用发动机的车辆的传动输出特性类似，故可得到近似等同的驾驶舒适性。但是由于其转速范围太小，因此必须具备传动装置。

（3）三相异步电机

三相异步电机是靠同时接入 380 V 三相交流电流（相位差 120°）供电，定子与转子之间靠电磁感应作用，在转子内形成感应电流以实现机电能量转换的电机，也称为三相异步感应电机。

三相异步电机的种类虽然很多，但各类三相异步电机的基本结构是相同的，它们都由定子和转子这两大基本部分组成，在定子和转子之间具有一定的气隙。此外，还有端盖、轴承、风扇、风扇罩、接线盒、吊环等其他附件，如图1-60所示。

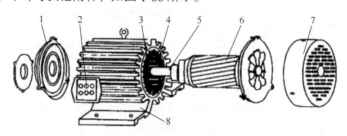

图1-60　三相异步电机的结构

1—端盖；2—接线盒；3—定子绕组；4—定子铁心；5—转轴；6—转子；7—罩壳；8—机座

① 特点。

a. 优点。转子结构简单、坚固，容易做到高速和小型轻量化。可以得到比较高的效率，弱磁控制与最大效率控制的同时使用可以达到高效率化的目的。价格低，可靠性好。

b. 缺点。由于励磁电流是必要的，因此会引起功率因数的恶化，特别是在低速区域，功率因数、效率恶化较为严重。另外该种电机进行转矩控制难度较大。

② 应用。作为汽车的驱动电机，小型轻量化很重要，而三相异步电机的这一优点已经得到认可，故其在许多电动汽车中均有应用。如日产 March EV、福特 ETX-1、丰田 TownAce EV 等电动汽车均应用了三相异步电机作为驱动电机。

（4）永磁同步电机

永磁同步电机属于永磁电机的一种。永磁电机就是采用永磁材料来替代励磁电机的励磁绕组（或转子绕组）的电机。永磁电机分为永磁交流同步电机和永磁直流电机两种。

对于三相异步电机，若采用永磁体取代其笼式感应转子，则相应的电机就称为永磁同步电机（PMSM）。为了克服磁通量不变的缺点，又在其转子中嵌入了笼式电磁绕组，称为永磁复合式电机，它的特点是既有永磁体又有笼式绕组。

永磁同步电机主要由转子、端盖及定子等各部件组成。永磁同步电机的定子结构与普通的感应电机的结构非常相似，转子结构与异步电机的最大不同是在转子上放有高质量的永磁体磁极，根据在转子上安放永磁体的位置的不同，永磁同步电机通常被分为表面式转子结构和内置式转子结构。

永磁体的放置方式对电机性能影响很大。表面式转子是永磁体，位于转子铁心的外表面，这种转子结构简单，但产生的异步转矩很小，仅适合于起动要求不高的场合，很少应用。内置式转子是永磁体，位于鼠笼导条和转轴之间的铁心中，起动性能好，目前的绝大多数永磁同步电机都采用这种结构。永磁同步电机的结构如图 1-61 所示。

轴承
钢质转子铁心
定子绕组
永磁体
铜质圆盘
转子轮轴
钢质定子铁心

图 1-61　永磁同步电机结构

① 优点。永磁同步电机具有较高的功率/质量比，体积更小，质量更轻，比其他类型电机的输出转矩更大，电机的极限转速和制动性能也比较优异，因此永磁同步电机已成为现今电动汽车应用最多的电机。

② 缺点。永磁材料在受到振动、高温和过载电流作用时，其导磁性能可能会下降，或发生

退磁现象，有可能降低永磁电机的性能。另外，稀土式永磁同步电机要用到稀土材料，制造成本不太稳定。

③ 应用。永磁同步电机在目前多数电动汽车中应用比较广泛，如宝马 i3、奔驰 Smart EV 和三菱 i MiEV 等。

（5）永磁无刷直流电机

如果将直流电机的直流励磁绕组用永久磁铁代替，该电机就称为永磁直流电机。为了克服磁通量不变的缺点，又在其永磁定子中嵌入了激励磁场的电磁绕组，称为永磁复合式电机，它的特点是既有永磁体又有励磁绕组。

永磁直流电机分永磁有刷直流电机和永磁无刷直流电机。永磁有刷直流电机广泛应用于小型电器之中。由于电刷和换向器的存在，永磁有刷直流电机在维修、制造等方面都比永磁无刷直流电机复杂，应用中的换向火花、机械噪声等也使它难以在恶劣的环境下使用。而永磁无刷直流电机由于没有电刷，弥补了传统直流电机的缺陷。因此永磁无刷直流电机越来越多地被应用在伺服系统、数控机床、变频空调以及电动汽车中。

永磁无刷直流电机的结构如图 1-62 所示。三相对称定子绕组固定在定子上，转子上的电枢绕组用稀土永磁材料（钐钴、钕铁硼）取代。对于高速永磁无刷直流电机，还需要加装非磁性护环。

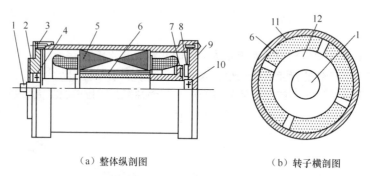

（a）整体纵剖图　　　　　　　（b）转子横剖图

图 1-62　永磁无刷直流电机的结构

1—转轴；2—前端盖；3—螺钉；4、10—轴承；5—定子组件；6—永磁体；7—传感器转子；

8—传感器定子；9—后端盖；11—护环；12—转子轭

永磁无刷直流电机定子绕组的主要电气参数、绕组形式与绕线式三相同步电机的定子绕组一样，各线圈依次通电即产生旋转磁场。

① 优点。

a. 由于可以采用稀土磁铁等高性能永磁体，电机可以实现较大的功率因数和较高的效率，特别是在低速时较明显。

b. 能得到较高的磁通密度，可以制成小型高速电机。

c. 容易多极化，可以制成轮毂式电机。

② 缺点。

a. 在一定输出区域内，当励磁较弱时，效率会恶化。近年来随着嵌入式磁铁的采用，这种恶化正慢慢得以解决。

b. 磁铁材料价格较高，而且安装困难，永久磁铁在发热时容易产生减磁现象。

c. 逆变器遭短路破坏会造成电机端子短路，产生很大的制动力。

③ 应用。目前，电动汽车中所使用的电机，大都向永磁电机阶段过渡，如日本丰田 RAV4LV EV、本田 EV PLUS 等。

（6）开关磁阻电机

开关磁阻电机（SRM）是一种典型的机电一体化电机，又称开关磁阻电机驱动系统（SRD），这种电机主要由开关磁阻电机本体、电力电子功率转换器（简称功率转换器）、转子位置传感器以及控制器 4 部分组成，如图 1-63 所示。

根据励磁方式，开关磁阻电机分为励磁式和永磁式两种。

励磁式开关磁阻电机本体采用定、转子双凸极结构，单边励磁，即仅定子凸极采用集中绕组励磁，而转子凸极上既无绕组也无永磁体；定子、转子均由硅钢片叠压而成；定子绕组径向相对的极串联，构成一相。其结构原理如图 1-64 所示。

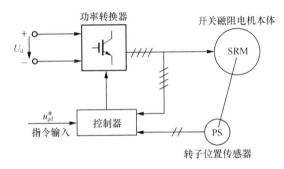

图 1-63　开关磁阻电机的构成

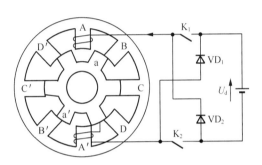

图 1-64　开关磁阻电机的结构原理示意图

在励磁式开关磁阻电机定子轭部位对称地嵌入高性能的钕铁硼永磁体，永磁体磁场与各相绕组的磁场共同组成新型电机磁场，形成永磁式开关磁阻电机（PMSRM）。

永磁式开关磁阻电机也称为双凸极永磁电机，可采用圆柱形径向磁场结构、盘式轴向磁场结构和环形横向磁场结构。该电机在磁阻转矩的基础上叠加了永磁转矩，永磁转矩的存在有助于提高电机的功率密度和减小转矩脉动，以利于它在电动汽车驱动系统中的应用。它可以加速绕组换流速度，减小波动，提高能量利用率。

① 优点。

a. 系统的调速范围宽。可以在低速下运行，也可以在高速场合下运行（最高转速可达 15000 r/min）。

b. 结构简单，转子转动惯量小，成本低，动态响应快。

c. 运行效率、可靠性等方面均优于三相异步电机和同步电机。

d. 热量排放小，耐化学侵蚀能力强。可以在散热条件差、存在化学污染的环境下运行。

e. 价格低，适宜大批量生产。

② 缺点。

a. 磁能变化不大时效率恶化、噪声变大。

b. 较其他类型的电机配套逆变器结构复杂。

③ 应用。开关磁阻电机适合用于要求低价格化、低速小型的电动汽车中，目前由于缺点较多，在电动汽车中很少应用。但永磁式开关磁阻电机被做成外转子电机后，被应用于电动汽车的轮毂驱动系统。

（7）轮毂电机

电动汽车采用的轮毂式电机驱动属于分散式电机驱动模式。分散电机驱动通常有轮毂电机和轮边电机两种方式。所谓轮边电机驱动模式，是指每个驱动车轮由单独的电机驱动，但是电机不是集成在车轮内，而是通过传动装置（例如传动轴）连接到车轮。轮边电机驱动模式的驱动电机属于簧载质量范围，悬架系统隔振性能好。但是，安装在车身上的电机对整车总布置的影响很大，尤其是在后轴驱动的情况下。而且，由于车身和车轮之间存在变形运动，其对传动轴的万向传动也具有一定的限制，因此目前分散电机驱动系统的发展方向是轮毂电机式。

① 结构形式。轮毂电机驱动系统根据电机的转子形式分为内转子型和外转子型两种结构，如图 1-65 所示。通常，外转子型采用低速外转子电机，电机的最高转速为 1000 ~ 1500 r/min，无任何减速装置，电机的外转子与车轮的轮辋固定或者集成在一起，车轮的转速与电机相同。内转子型则采用高速内转子电机，同时装备固定传动比的减速器。为了获得较高的功率密度，电机的转速通常高达 10000 r/min。减速机构通常采用传动比在 10∶1 左右的行星齿轮减速装置。

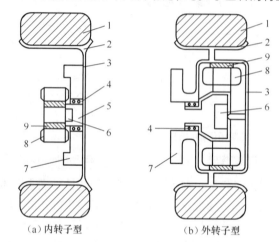

（a）内转子型　　　　　（b）外转子型

图 1-65　轮毂电机动力系统的结构简图

1—轮胎；2—轮辐；3—车轮；4—轴承；5—行星齿轮；6—编码器；

7—制动毂；8—电机绕组；9—永磁体（PM）

在轮毂电机驱动系统中，由于电机电制动容量较小，不能满足整车制动效能的要求，通常需要附加机械制动系统。轮毂电机驱动系统中的制动器可以根据结构采用鼓式或者盘式。电机电制动容量的存在往往可以使制动器的设计容量适当减小。大多数的轮毂电机驱动系统采用风冷方式进行冷却，也有的采用水冷和油冷的方式对电机、制动器等的发热部件进行散热降温，但结构比较复杂。

② 优点。

a. 可以完全省略传动装置，整体动力利用效率大大提高。

b. 轮毂电机使得整车总布置可以采用扁平化的底盘结构形式，车内空间和布置自由度得到极大的改善。

c. 车身上几乎没有大功率的运动部件，整车的振动、噪声降低，舒适性得到极大改善。

d. 便于实现四轮驱动形式，有利于改善整车的动力性能。

e. 轮毂电机作为执行元件，利用响应速度快和准确的优点便于实现包括线控驱动、线控制动以及线控整车动力学控制在内的整车动力学集成控制，提高整车的主动安全性。

③ 应用。应用轮毂电机驱动的典型电动汽车是日本东京电力的 IZA 和国自电力的 PIVOT。未来汽车发展方向为信息化、智能化和低碳化，四轮独立驱动（轮毂电机驱动）的电动汽车将是实现这一目标的最佳选择。

（8）电机在电动汽车上的应用

① 应用于电动汽车的电机性能比较。表 1-7 为现代电动汽车用电机的性能比较。

表 1-7　现代电动汽车用电机的性能比较

项目	直流电机	感应电机	永磁电机	开关磁阻电机
功率密度	低	中	高	较高
过载能力/%	200	300~500	300	300~500
峰值效率/%	85~89	94~95	95~97	90
负荷效率/%	80~87	90~92	90~93	78~86
功率因数/%	—	82~85	90~93	60~65
恒功率区	—	1:5	1:2.25	1:3
转速范围/（r/min）	4000~6000	12000~20000	4000~100000	>15000
可靠性	一般	好	优良	好
结构的坚固性	差	好	一般	优良
电机外形	大	中	小	小
电机质量	重	中	轻	轻
控制操作性能	最好	好	好	好
控制器成本	低	高	高	一般

② 世界电动汽车电机应用情况。世界范围内的电动汽车，应用主流电机为永磁同步电机，但也有应用交流异步电机的车型。表 1-8 列举了世界知名纯电动汽车应用的电机比较。

表 1-8　世界知名纯电动汽车应用的电机比较

车型	电机类型	电机最大功率/kW	续驶里程/km
宝马 i3	永磁同步	125	130~160
奔驰 Smart EV	永磁同步	55	140
特斯拉 Model S	交流异步	310	480
雪佛兰 VOLT	永磁同步	111	56
三菱 i MiEV	永磁同步	47	160

③ 我国电动汽车电机应用。新能源汽车的快速发展，带动车用驱动电机市场规模迅速增长，以上海电驱动、精进电动、上海大郡、南车时代电动汽车为代表的国内主要驱动电机企业，在电机制动工艺、原材料、关键零部件及系统集成技术等方面均有所突破，车用电机及其控制系统产业链基本形成。这些企业在乘用车驱动电机系统和商用车驱动电机系统方面均推出多款驱动电机产品和样机，功率范围在 42~200 kW。

2015 年，不同类型电机配套车型及占比见表 1-9。从表 1-9 中可以看出，永磁同步电机、交流异步电机、无刷直流电机配套占比分别为 69%、25%、6%。永磁同步电机为我国驱动电机的主流技术产品。

表 1-9　2015 年我国不同类型电机配套车型及占比

车辆类型	电机类型	装车规模/辆	占比/%	合计/辆，%
纯电动乘用车	永磁同步	68963	18.4	150528，40.2
	交流异步	59218	15.8	
	无刷直流	22347	6.0	
纯电动客车	永磁同步	79422	21.2	88248，23.6
	交流异步	8552	2.3	
	无刷直流	274	0.1	
纯电动专用车	永磁同步	26469	7.1	47778，12.8
	交流异步	19846	5.3	
	无刷直流	1463	0.4	
插电式混合动力乘用车	永磁同步	63755	17.0	63755，17
	交流异步	0	0	
	无刷直流	0	0	
插电式混合动力客车	永磁同步	17649	4.7	24048，6.4
	交流异步	6398	1.7	
	无刷直流	1	0	

2. 电机控制器

汽车电机控制器通过把微电子器件和功率器件集成到同一芯片上，便成了功率集成电路（PIC），俗称"智能功率模块（IPM）"，其目的是进一步减小体积，降低成本，并改善其可靠性。PIC 可以包含功率、控制、保护、信息传递和制冷等模块。

目前国内电动汽车电机控制器多采用分立元件制作，功率集成电路形式的汽车电机控制器相关技术多掌握在国外的企业中，不过随着中国电动汽车市场的逐渐成熟，国内企业不久也会掌握这项技术。

汽车电机控制器是由 DSP 电机控制板（包括电机控制 ECU、微控制器等）、IGBT（绝缘栅双极型晶体管）驱动电路板、IGBT（IPM）模块、电流传感器、隔离变压器组成的，另外还包括控制电源、散热系统等。图 1-66 所示为典型的电机控制器内部结构图。

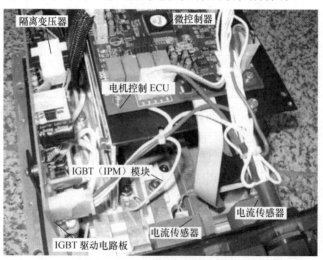

图 1-66　电机控制器内部结构

DSP 接收整车控制器的指令并反馈信息，检测电机系统内传感器信息，根据指令及传感器信息产生逆变器开关信号。

IGBT 用于接收 DSP 的开关信号并反馈相关信息，放大开关信号并驱动 IGBT，提供电压隔离和保护功能。

控制电源为 DSP 提供电源；为驱动电路提供多路相互隔离的电源。

散热系统为电力电子模块散热，为控制器组件安装提供支撑，为控制器提供环境保护。

四、功率转换器

功率转换器可分为斩波器（DC/DC 转换器）、逆变器（DC/AC 转换器）和整流器（AC/DC 转换器）3 类。图 1-67 所示为上述 3 种功率转换器在纯电动汽车上的应用实例。

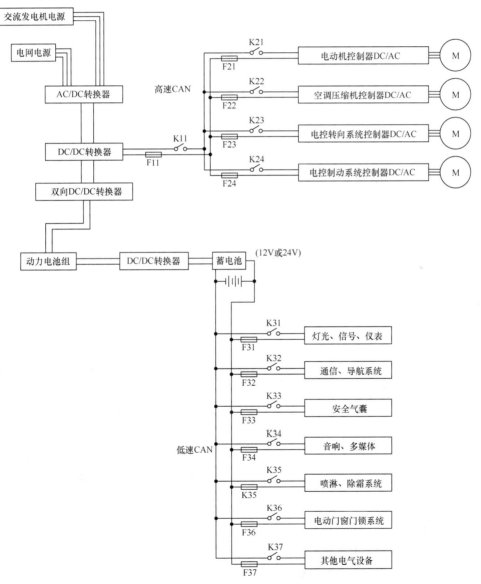

图 1-67　功率转换器在纯电动汽车上的应用实例

　　一般纯电动汽车动力电源系统的输出特性偏软，难以直接与电机驱动器匹配。在电源系统加负载的起始阶段，输出电压下降较快，即随着负载的增加，电流增大，电压下降，下降的斜率会出现一个特定的曲线，这种特性使电源系统的输出功率波动进而导致车辆整体效能下降。

　　在电池系统与汽车驱动系统之间加入功率转换器，使电池系统和功率转换器共同组成电源系统对驱动系统供电，从而增强驱动系统的稳定性。因此，采用的功率转换器对纯电动汽车电源系统也具有重要的意义。

1. DC/DC 转换器

　　DC/DC 转换器是指将一个固定的直流电压变换为可变的直流电压，也称为直流斩波器。DC/DC 转换器不仅能起调压的作用（开关电源），同时还能有效地抑制电网侧谐波电流噪声。DC/DC 转换器是将原直流电通过调整其占空比（PWM）来控制输出的有效电压的大小。

　　在纯电动汽车中，DC/DC 转换器主要应用在以下几个方面。

　　① 在直流电机的功率小于 5 kW 的纯电动汽车（如公园的游览车、机场的摆渡车等）中，动力电池组直接通过 DC/DC 转换器为直流电机提供直流电。

　　② 在纯电动汽车及能量混合型电力系统中，用升压型 DC/DC 转换器；在功率混合型电力系统中，采用双向升降压型 DC/DC 转换器或全桥型 DC/DC 转换器。车辆在滑行或下坡制动时，车辆的惯性能量经过转换后产生的电能，向储能电源充电时，也采用双向升降压型 DC/DC 转换器。

　　③ 用车辆上的高压直流电源为辅助电池（低压电源）充电时，采用隔离式降压型 DC/DC 转换器。

2. DC/AC 转换器

　　DC/AC 转换器又称为逆变器，它的基本功能是将直流电源(车载蓄电池电源或燃料电池电源)转换为交流电机的驱动交流电源。DC/AC 转换器分有源逆变器和无源逆变器，以及多种不同组合的、高性能 DC/AC 转换器等多种类型。

　　有些纯电动汽车运用了交流电机作为驱动电机，部分辅助设备也采用了交流电机，包括空气压缩机、空调系统的压缩机、转向助力器等，它们的电源来自动力电池组或燃料电池组。需要用小型的 DC/AC 转换器将直流电源的电能转换为交流电后，来带动辅助设备的电机运转。

　　DC/AC 转换器将动力电池组或燃料电池组的电能转换为三相交流电，并检测辅助装备的运转参数的变化，控制三相异步电机的起动、运行和停止。

　　纯电动汽车中，交流驱动电机的 DC/AC 转换器一般集成于电机控制器中。

3. AC/DC 转换器

　　AC/DC 转换器又称为整流器，它的基本功能是将交流电源（包括电网电源和车载交流发电机发电电源）转换为直流电源（包括储能式电源的直流充电电源）。AC/DC 转换器应用于纯电动汽车各种充电设备上，以及有交流电源变换为直流电源需求的电路及电气设备上。应用在纯电动汽车上的 AC/DC 转换器基本形式有三相桥式、三相电压源 PWM 式和三相电流源 PWM 式等。

五、充电系统

　　车载动力电池需要不断地补充充电。不同的汽车生产厂商所生产的电动汽车往往需要采用某一特定的充电方法或者配备专用的充电设备。

1．充电功能

电池充电通常应该实现以下 4 个功能。

① 将市电进行电力变换，为电动汽车充电，供给与动力电池额定条件相对应的电力。

② 根据动力电池的实时状态控制充电的起动和停止，当动力电池充满电后自动停止充电。

③ 根据动力电池的电量、温度，调节充电电流的大小。

④ 可根据充电时长的需求来选择充电模式，即快充或慢充模式。

2．充电系统类型

纯电动汽车配备的充电系统分为车载充电和非车载充电两种。

（1）车载充电

车载充电也称常规充电、传统充电及慢充电，指采用地面交流电网和车载充电器（也称车载充电机）对动力电池组进行充电。充电时，只需将车载充电器的插头插到停车场或家中的电源插座上即可，因此充电过程一般由客户自己完成，如图 1-68 所示。

图 1-68　车载充电示意图

车载充电器一般设计为小充电率，充电时间长（5～8 h）。充电器和电池管理系统（负责监控动力电池的电压、温度和荷电状态）都安装在车上，所以它们相互之间容易利用电动汽车的内部线路网络进行通信。

这种充电方式对电网没有特殊要求，只要能够满足照明要求的供电系统就能够使用。由于在家中充电通常是晚上或者是在用电低谷期，有利于电能的有效利用，因此电力部门一般会给予电动汽车用户一些优惠，例如用电低谷期充电打折。

（2）非车载充电

非车载充电也称为地面充电及快速充电，指利用专用或通用充电器、专用或公共场所用充电站等对动力电池组进行充电，如图 1-69 所示。

通常非车载充电器的功率、体积和质量均比较大，以便能够适应各种充电方式，采用三相四线制

图 1-69　非车载充电示意图

380 V 供电，其典型的充电时间是 10～30 min。非车载充电器与动力电池管理系统在物理位置上

是分开的。

非车载充电方式可分为接触式和非接触式两种。

接触式充电也称为耦合式或传导式充电，就是将一根带插头的交流动力电缆线直接插到电动汽车的插座中给电池充电，图 1-68 和图 1-69 所示的充电方式均为接触式。这种充电方式的优点是充电操作过程简单，不涉及电池存储、电池更换等操作。但车辆充电占用了较多的运行时间，不利于保持电池组的均衡性及可靠的寿命。

非接触式充电也称无线充电。目前，电动汽车无线充电的实现方案是，将汽车停靠在配置有无线充电传感器（见图 1-70）的城市路面或车库里，就可以不需要电源线为汽车充电。

图 1-70　无线充电传感器

已经商业化生产的纯电动汽车，为了满足快充、慢充两种充电的需要，通常在车辆上同时设置车载充电机器和快速充电接口。图 1-71 所示为比亚迪 e6 纯电动汽车充电接口外观图，图中左侧接口为快充接口，右侧的为慢充接口。图 1-72 为两个接口的端子布局。

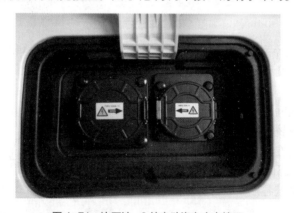

图 1-71　比亚迪 e6 纯电动汽车充电接口

3. 充电机

充电机是与交流电网连接，为动力电池等可充电的储能系统提供直流电能的设备。一般由控制单元、计量单元、充电接口、供电接口及人机交互界面等部分组成，实现充电计量等功能，并具有反接、过载、短路、过热等多重功能及延时起动、软起动、断电记忆自动起动等功能。

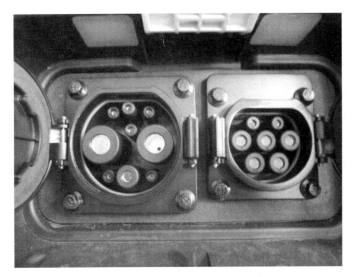

图 1-72 比亚迪 e6 纯电动汽车充电接口端子布局

电动汽车充电机根据不同的分类标准，可分为多种类型，见表 1-10。

表 1-10 电动汽车充电机的类型

分类标准	充电机类型	
安装位置	车载充电机	非车载充电机
输入电源	单相充电机	三相充电机
连接方式	传导式充电机（接触式）	感应式充电机（非接触式）

（1）车载充电机

车载充电机安装于电动汽车上，通过插头和电缆与交流插座连接。车载充电机的优点是在动力电池需要充电的任何时候，只要有可用的供电插座，就可以进行充电。其缺点是受车上安装空间和质量限制，功率小，只能提供小电流慢速充电，充电时间较长。

（2）非车载充电机

非车载充电机也称为地面充电机，一般安装于固定的地点或可移动，与交流输入电源连接，直流输出端与需要充电的电动汽车充电接口相连接。非车载充电机可提供大功率电流输出，不受车辆安装空间的限制，可满足电动汽车大功率快速充电的要求。图 1-73 所示为比亚迪纯电动汽车配套的非车载充电机实物图。

固定式非车载充电机也称为充电桩，通常布置在停车场、商业网点等车辆密集区域，以方面车主对车辆充电，如图 1-74 所示。

（3）传导式充电机

传导式充电机的供电部分与受电部分有着机械式的连接，即充电机输出端通过电力电缆直接连接到车辆充电接口上，车辆上不装备相关电力电子电路。这种充电机结构相对简单，容易实现，也是目前纯电动汽车应用最普遍的充电方式。这种充电方式，操作人员不可避免地要接触的强电，所以容易发生危险。

图 1-73　比亚迪纯电动汽车非车载充电机　　　　　　　　图 1-74　充电桩

（4）感应式充电机

感应式充电机利用了电磁能量传递原理，以电磁感应耦合方式向电动汽车传输电能，供电部分和受电部分之间没有直接的机械连接，其充电原理如图 1-75 所示。两者的能量传递只是依靠电磁能量的转换。这种结构设计比较复杂，受电部分安装在电动汽车上，受到车辆安装空间的制约，功率受到一定的限制，但由于不需要充电人员直接接触高压部件，安全性高。

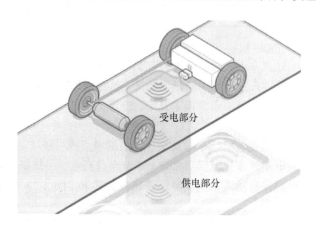

图 1-75　感应式充电机充电原理

4. 智能充电管理

智能充电管理即无须人工过多干预，由充电机充电管理系统和车载 BMS（电池管理系统）联合进行的智能充电管理模式。

充电策略的实现，需要电池管理系统与充电机间实现有效的数据传输和参数实时判断。电池管理系统完成了电池系统中参数的采集工作，在现有的智能充电中，通过实现与充电机的通信，保证充电安全性，实现充电过程的有效控制。其充电管理系统基本结构如图 1-76 所示。

BMS 的作用是实现对电池状态的在线监测（电池的温度、单体电池电压、工作电池、电池和电池箱之间的绝缘）、SOC 估算、状态分析（SOC 是否过高、电池温度是否过高/过低、单体电池电压是否超高/超低、电池的温升是否过快、绝缘是否故障、是否过电流、电池的一致性分析、电池组是否存在故障以及是否通信故障等），以便实施必要的热管理。充电机的主要任务是电源变换、输出电压和电流的闭环控制、必要的保护以及与 BMS 通信，实现对电池状态的全面了解和对输出电流的动态调节。当电池组需要充电的时候，除了充电机的输出总正动力线和总负动力线需要与电池组相连以外，BMS 和充电机之间还增加了用于实现数据共享的通信线。

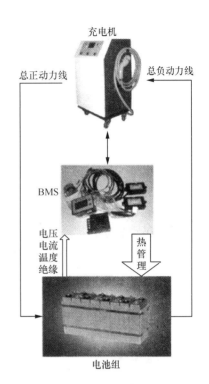

图 1-76　充电管理系统基本结构

智能充电模式的特点是：通过在 BMS 和充电机系统之间建立通信链路，实现了数据共享，使得在整个充电过程中电池的电压、温度以及绝缘性能等安全性相关的参数都能参与电池的充电控制和管理，使得充电机能充分地了解电池的状态和信息，并据此改变充电电流，有效地防止了电池组中所有电池发生过充电和温度过高的情况，提高了串联成组电池充电的安全性。另外，该充电模式完善了 BMS 的管理和控制功能，提高了充电安全性和智能化水平，还简化了操作人员设置充电参数等烦琐的工作，使得充电机具有了更好的适应性。通过这一模式，充电机不需要区分电池的类型，只需要得到 BMS 提供的电流指令就能实现安全充电。

六、变速器

电机虽然拥有很宽的工作转速范围，但和发动机一样，电机也有最佳工作转速区间，高于或低于这一区间，效率就会下降。一台 40 kW 电机在刚起动时效率仅有 60%～70%。随着速度提高，效率逐步提高，在 3300～6000 r/min，效率能够达到 94% 以上，而在接近极限转速 100000 r/min 时，效率又降到 70% 左右。可以看出，合理利用变速器，使电机工作在最佳转速区，对于提高效率十分有意义。纯电动汽车若采用无级变速器会比只使用 1 挡变速器时的单位里程能耗降低 5%～7%，噪声也减小很多。

如果能够通过使用适合的变速器，并对标定加以优化使效率提高，就意味着在同样续驶里程时，电池用量更少，车辆自重更轻，行驶性能更高，车辆成本更低。

纯电动汽车上变速器只需要 3、2 或 1 个挡就可以了，因此变速器在一定程度上被简化了，但纯电动汽车对传动系统的要求反而更高，变速器优化设计有利于提升电动汽车效率。

1.1 挡变速器

1 挡变速器多为 2 级减速比，即变速器只有 1 个传动比，主减速器有 1 个传动比，总传动比为 2 个传动比相乘。1 挡电机集成变速器多使用在低档小、中型客车上。由于电机的低速转矩大、工作转速范围宽的特点，倒挡可不设计，只需电机反转即可。

高档纯电动轿车多采用图 1-77 所示的集成式电动驱动系统。把电机、减速器、差速器、功率控制器集成在一起，外部只有强电、弱电线束和冷却的水管。若采用前后轴各一套这样的动力驱动系统则是很好的四轮驱动。

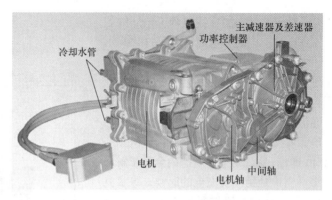

图 1-77　典型纯电动汽车集成电动驱动系统

2. 多挡变速器

纯电动客车配装的变速器相比燃油发动机汽车上的变速器有所变化，突出的特点是变速器挡数由传统 5 挡、6 挡简化成 2 挡、3 挡。一汽客车 CA6120VRBEV21 车型采用的就是一汽开发的 2 挡自动变速器。苏州金龙海格 KLQ6129GHEV 车型配装的是 3 挡机械自动变速器。

对于纯电动客车，为节省成本同时又考虑无离合器的自动换挡，因此电控的无同步器自动换挡变速器成为首选。

3. 变速杆

纯电动汽车由于采用了先进的电子控制系统，其变速杆已多采用电子式。电子式挡杆与变速器的连接并非传统的机械方式，而是采用了更加安全、快捷的电子控制模式，省去了传统机械式的换挡模式，全部采用电子信号进行代替，因而变速杆的外形设计空间很大，甚至可以设计为旋钮式，如图 1-78 所示。它的优势就在于驾驶人的换挡错误操作会由计算机判断出是否会对变速器造成损伤，从而更好地保护变速器和纠正驾驶者的不良换挡习惯。

图 1-78　纯电动汽车旋钮式变速杆

七、制动助力与再生制动

1. 电动真空助力制动

安装传统发动机的轿车的真空助力装置，其真空源来自于发动机进气歧管，真空度一般可达到 0.05～0.07 MPa。对于由传统车型改型而成的纯电动汽车或燃料电池汽车，发动机总成被拆除后，制动系统由于没有真空动力源而丧失真空助力功能，仅由人力所产生的制动力无法满足行车制动的需要，因此需要对制动系统真空助力装置进行改制，而改制的核心问题是产生足够压力的真空源。为了产生足够的真空，除了一个具有足够排气量的电动真空泵外，为了节能和可靠，还要为电动真空泵电机设计合适的工作时间。为达到与燃油电池汽车相同的真空度要求，电动真空泵需在 4～5 s 内产生 50 kPa 以上的真空度。

　　如图 1-79 所示，真空助力器安装于制动踏板和制动主缸（主储罐）之间，由制动踏板通过推杆直接操纵。真空助力器与制动踏板产生的力叠加在一起作用在制动主缸推杆上，以提高制动主缸的输出压力。真空助力器由带有橡胶膜片的活塞（隔膜）分为前室与后室（大气阀打开时可与大气相通），一般前室（变压室）的真空度为 60～80 kPa（即真空泵可以提供的真空度大小）。真空助力器所能提供助力的大小取决于其常压室与变压室气压差值的大小。当变压室的真空度达到外界大气压时，真空助力器可以提供最大的制动助力。真空泵所产生的真空度的大小及速度关系到真空助力器的工作状态，真空泵的容量大小关系到助力器的性能，进而影响到制动系统在各种工况下能否正常工作。

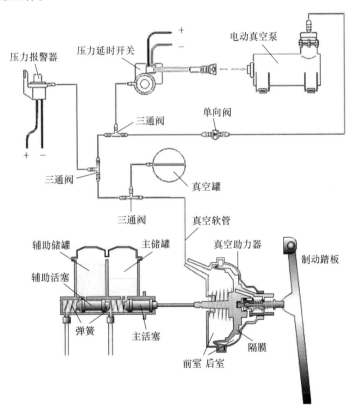

图 1-79　电动真空助力制动系统的基本构成

2. 再生制动

　　再生制动是电动汽车所独有的，在减速制动或者下坡时将车辆的部分动能转换为电能，转换的电能储存在储能装置中（如各种动力电池、超级电容和飞轮电池），最终增加电动汽车的续驶里程。如果储能器已经被完全充满，再生制动就不能实现，所需的制动力就只能由常规的制动系统来提供。现在几乎所有的电动汽车都安装了再生液压制动系统，从而可实现节约制动能量、回收部分制动动能，并为驾驶人提供常规制动性能。图 1-80 所示为电动汽车能量转换图。

图 1-80　电动汽车能量转换图

　　一般而言，当电动汽车减速、在公路上放松加速踏板巡行或踩下制动踏板停车时，再生制动系统起动。正常减速时，再生制动的力矩通常保持在最大负荷状态。电动汽车高速巡行时，其驱动电机一般是在恒功率状态下运行，驱动力矩与驱动电机的转速或者车辆速度成反比，因此，恒功率下驱动电机的转速越高，再生制动的能力就越低。当踩下制动踏板时，驱动电机通常运行在低速状态，由于在低速时，电动汽车的动能不足以为驱动电机提供能量来产生最大的制动力矩，因而再生制动能力也就会随着车速降低而减小。

八、电动空调系统

1. 制冷

　　国内纯电动汽车厂家从燃油发动机汽车空调的基础上进行部分替换设计，将燃油发动机带动的压缩机替换成直流电机直接驱动的压缩机，控制上相应改变，来完成空调制冷的功能，目前替换设计效果基本能解决纯电动汽车空调的制冷问题，但制冷效率有待提高。

　　在空调的主要零部件选用上，目前国内的纯电动汽车除了压缩机和控制模式，其他主要零部件还是沿用燃油发动机汽车空调的零部件，冷凝设备主要用的是平行流冷凝器，蒸发设备主要用的是层叠式蒸发器，节流装置仍然是热力膨胀阀，制冷剂仍然是 R134a。据不完全了解，国内在大力开发纯电动汽车的厂家（如奇瑞、比亚迪、一汽、上汽、江淮等）目前的纯电动汽车空调配套情况基本差不多，都处于上述的发展现状。

　　典型的纯电动汽车空调系统结构如图 1-81 所示。

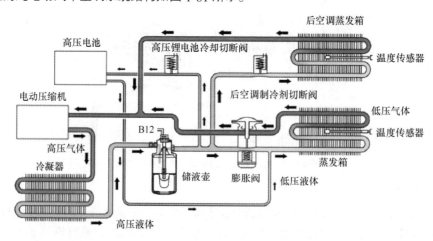

图 1-81　典型的纯电动汽车空调系统

对于纯电动汽车来说，车上拥有高压直流电源，因此，采用电动热泵式空调系统，压缩机采用电机直接驱动，成为可行的解决方案。若热泵式空调的压缩机电机采用变频控制技术，膨胀阀采用电子膨胀阀节流技术，则使控制更精确，并可更节能。

2. 制热

根据电动汽车特有的性质，目前电动汽车空调制热方式有半导体式（热电偶）、热泵式、燃油加热式、热敏电阻（PTC）加热式等，其中燃油加热式制热方式一般用于油电混合动力汽车（此处不再介绍），热泵式空调是最有发展前途的。

（1）半导体式

半导体制冷又称电子制冷，或者温差电制冷，是从 20 世纪 50 年代发展起来的一门介于制冷技术和半导体技术边缘的学科，与压缩式制冷和吸收式制冷并称为世界三大制冷方式。半导体制冷器的基本器件是热电偶对，即把一只 N 型半导体和一只 P 型半导体连接成热电偶，如图 1-82 所示，通上直流电后，在接口处就会产生温差和热量的转移。在电路上串联起若干对半导体热电偶对，而传热方面是并联的，这样就构成了一个常见的制冷热电堆。借助于热交换器等各种传热手段，使热电堆的热端不断散热并且保持一定的温度，而把热电堆的冷端放到工作环境中去吸热降温，这就是半导体制冷的原理。

半导体制冷作为特种冷源，在技术应用上具有以下特点：不需要任何制冷剂；可连续工作；没有污染源；没有旋转部件，不会产生回转效应；没有滑动部件，工作时没有振动、噪声，寿命长；安装容易。

半导体制冷片既能制冷又能加热，制冷效率一般不高，但制热效率很高，永远大于 1。因此使用一个片件就可以代替分立的加热系统和制冷系统。半导体制冷片是电流换能型片件，通过输入电流的控制，可

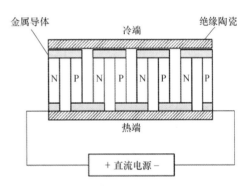

图 1-82　半导体制冷片结构

实现高精度的温度控制，再加上温度检测和控制手段，很容易实现遥控、程控、计算机控制，便于组成自动控制系统。半导体制冷片热惯性非常小，制冷、制热时间很快，在热端散热良好、冷端空载的情况下，通电不到 1 min，制冷片就能达到最大温差。半导体制冷片的反向使用就是温差发电，半导体制冷片一般适用于中低温区发电。半导体制冷片的单个制冷元件对的功率很小，但组合成电堆，用同类型的电堆串、并联的方法组合成制冷系统，功率就可以做得很大，因此制冷功率可以做到几毫瓦到上万瓦的范围。半导体制冷片的温差范围宽，从 90℃到-130℃都可以可靠工作。

从空调技术成熟性和能源利用效率比较来看，对于半导体制冷片技术的电动汽车空调系统，目前存在着热电材料的优值系数较低，制冷性能不够理想，并且热电堆产量受到构成热电元件元素产量的限制，不具备电动汽车空调节能高效的要求。

（2）热泵式

热泵式空调系统是在原有燃油发动机汽车上进行改进而来的，压缩机由永磁直流无刷电机直接驱动，系统的工作原理如图 1-83 所示。该系统与普通的热泵空调系统并无本质区别，由于在电动汽车上使用，压缩机等主要部件有其特殊性。而且国外热泵技术具备了一定的基础，该技术最大的优点就是制冷、制热效率高。全封闭电动涡旋压缩机，由一个直流无刷电机驱动，通过制

冷剂回气冷却，具有噪声低、振动小、结构紧凑、质量轻等优点。在–10～40℃的环境温度下，均能以较高的效率为电动汽车提供舒适的驾乘环境。若能在零部件技术上得到改进，相应效率还可以得到提高。

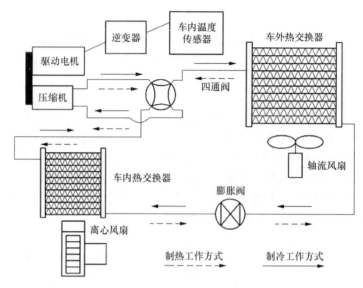

图 1-83　热泵系统工作原理

目前热泵型电动汽车空调最大的瓶颈是低温制热问题，尤其是在我国的东北地区，这也是将来该行业研究难题之一。

（3）PTC 加热式

PTC（热敏电阻）加热器具有恒温发热特性，其原理是 PTC 加热片加电后自热升温使阻值升高进入跃变区（迅速增高），PTC 加热片表面温度将保持恒定值，该温度只与 PTC 加热片的居里温度（电阻陡峭变形点温度）和外加电压有关，而与环境温度基本无关。

若电动汽车采用加热器的电制热方式时，PTC 加热器（见图 1-84）一般配置在驾驶席和副驾驶席之间的地板下方。PTC 加热器由 PTC 加热器元件、风扇、散热剂流路和控制底板等组成。因要求 PTC 加热器要有较高的制热性，因此，电源使用的是高压动力电池。如果是纯电动汽车专用产品，也可以不使用冷却液，直接用鼓风机吹送经 PTC 加热器加热的暖风。

图 1-84　PTC 加热器

九、信息显示系统

1. 信息显示方式

纯电动汽车信息显示方式有组合仪表式、数字式和 LCD（液晶显示屏）式 3 种。组合仪表显示精确度高，信息刷新快，使用数字进行分时显示，可使仪表板得到简化且能显示大量信息。采用数字显示和大 LCD 屏幕的好处是只要仪表有足够的存储器和高分辨率的 LCD 显示，LCD 的图形造型的自由度会很高。驾驶人可以手动选择仪表常规显示的内容，大多数系统还能在汽车有潜在危险情况时，让平时不显示的信息自动显示并发出警报，以提醒驾驶人注意。

纯电动汽车电机转速表一般不单独设计，多用功率表代替。

电机功率控制器和电机温度可采用仪表显示，也可采用 LCD 显示，仪表将测量数据以指针、数字或条形图的形式显示出来。有的高档汽车采用了虚拟仪表的显示方式，这样的仪表内部空间可以得到充分利用，避免了仪表空间的紧张。如图 1-85 所示，"READY"为绿色时表示此时怠速启/停功能可用。"READY"为黄色时表示此时怠速启/停功能停用，仪表中间还可以显示能量流动或动力电池 SOC 水平等。

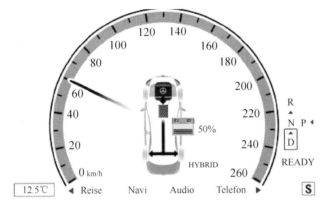

图 1-85　虚拟仪表

2. 纯电动汽车新增仪表及功能

纯电动汽车仪表与燃油发动机汽车仪表类似，其故障灯也分为指示灯、警告灯和指示/警告灯 3 类。故障灯用不同的颜色表示故障程度，红色表示危险/重要提醒，黄色表示警告/故障，绿色/蓝色/白色表示指示/确认启用。

虽然对于纯电动乘用车的生产，已经有了国家标准，但对于在标准之前生产的纯电动汽车、部分合资企业生产的纯电动汽车和进口纯电动汽车，在相对燃油发动机汽车新增仪表各种类、标志及功能上，不完全相同。以下仅以比亚迪 e6 纯电动汽车新增仪表为例，介绍纯电动汽车新增仪表的种类、标志及功能。

（1）充电系统警告灯

① 充电时，此警告灯用于警告充电系统故障。

② 放电时，此警告灯用于警告 VTOG 系统故障（在配备 VTOG 系统的车辆上）。

③ 非充/放电时，此警告灯用于警告 DC 模块的工作状态。

④ 如果在驾驶中此警告灯点亮，表示 DC 系统有问题。应关闭空调、风扇、收音机等，建议将车辆开到最近的汽车授权服务店进行修理。

（2）电机冷却液温度过高警告灯 🌡

①　当整车电源挡位处于"OK"挡时，此警告灯显示电机冷却液的温度。正常运转时，指针应自底部标记处上升到中间位置。

②　在酷暑季节或长时间爬坡、高速行驶时，电机可能产生过热现象。如果冷却液温度表指针移到红色标记区，此警告灯变红，同时信息显示屏显示"电机冷却液温度过高"，应立即将车辆停靠在安全路段，使电机降温，并建议尽快与汽车授权服务店联系检查车辆。

（3）动力电池充电连接指示灯 ☛

当连接充/放电枪后，此指示灯点亮。如果需要驾驶车辆，须断开充电枪后再上电。

（4）OK 指示灯 OK

此指示灯点亮表示车辆系统工作正常，处于可行驶状态。

（5）电机过热警告灯 🖐

①　如果此警告灯点亮，表示电机温度太高，须停车并使电机降温。

②　在下列工作条件下，电机可能会产生过热现象。

a. 在炎热的天气进行长途爬坡时。

b. 在停停走走的交通状态，频繁急加速、急制动的状况，或长时间车辆运转得不到休息的状况。

c. 拖拽挂车时或冷却液不足时。

（6）动力系统故障警告灯 ⟨⟩

①　如果动力系统发生故障，此灯点亮。

②　如果当整车电源挡位处于"OK"挡时，此警告灯持续点亮，或驾驶中此警告灯点亮及当整车电源挡位处于"OFF"挡时，此警告灯点亮，均表示由此警告灯系统监控的部件中发生故障，建议尽快与汽车授权服务店联系检查车辆。

③　在操作中此警告灯短暂点亮不表示有问题。

（7）动力电池过热警告灯 🔋

①　如果此警告灯点亮，表示动力电池温度太高，须停车降温。

②　在下列工作条件下，动力电池可能会产生过热现象。

a. 在炎热的天气进行长途爬坡时。

b. 在停停走走的交通状态，频繁急加速、急制动的状况，或长时间车辆运转得不到休息的状况。

c. 拖拽挂车时。

（8）动力电池电量低警告灯 🔋

当动力电池的电量接近用完时此警告灯点亮，须尽快给电池充电。

（9）动力电池故障警告灯 🔋!

①　当整车电源挡位处于"OK"挡时，此警告灯点亮。如果动力电池系统工作正常，则几秒后此警告灯熄灭。此后，如果系统发生故障，此警告灯将再次点亮。

②　当整车电源挡位处于"OK"挡时，此警告灯不亮或持续点亮，或者驾驶中此警告灯点亮或闪烁，表示由此警告灯系统监控的部件发生故障。建议尽快与汽车授权服务店联系检查车辆。

（10）电池电量表（见图 1-86）

整车电源挡位处于"OK"挡时，此表指示当前车辆动力电池预计剩余的电量。当指示条将要或已经进入红色区域时，应尽快对动力电池充电。另外，如果电动电池警告灯点亮，同时信息显示屏显示"请及时充电"，表示当前动力电池电量低，需尽快对动力电池充电。

（11）功率表（见图1-87）

功率表显示当前模式下整车的实时功率。在车辆下坡或靠惯性行驶时，功率指示值可能为负值，表示正在进行能量回收，回收的能量对动力电池充电。

图1-86　比亚迪e6电池电量表　　　　　图1-87　比亚迪e6功率表

（12）续驶里程表（见图1-88）

续驶里程表显示可以继续行驶里程的近似值。如果显示的续驶里程较低，应及时对动力电池充电。

图1-88　续驶里程表

（13）能量流程图

能量流程图指示当前电流的流动方向。比亚迪e6出租版和豪华版纯电动汽车，显示方式不同，如图1-89所示。

 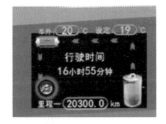

（a）出租版　　　　　（b）豪华版

图1-89　能量流程图

十、冷却系统

纯电动汽车主要热源有 3 类，即能量储存系统，电机控制器、功率转换器等功率元件和驱动电机。

能量储存系统中的电池有合适的工作温度，如常用的锂电池的工作温度为 $-20 \sim 60℃$，一般采用自然冷却或强制通风冷却。

电机控制器、功率转换器等功率元件的工作温度通常为 $40 \sim 50℃$，允许最高温度为 $60 \sim 70℃$。这些元件连续工作容易过热，须采取专门的冷却装置控制温度，通常采用循环水冷却。

驱动电机的工作电流很大，励磁绕组和电枢绕组在电磁感应的过程中会产生大量的热，加之电流磁通的变化会在定子和转子铁心内感应产生热量，因此必须合理控制温度，否则会出现绝缘下降、电机退磁和效率降低等不良状况。驱动电机常采用油或水循环冷却。

纯电动汽车循环冷却系统主要分为两大部分，即对动力电机、车辆控制器和功率转换器的冷却，对动力电池和车载充电机的冷却。

1. 电池组的冷却

动力电池的常用冷却方法有风冷、液体冷却两种。风冷又分为自然冷却和强制冷却。风冷方法结构简单，成本较低，技术日益成熟。液体冷却有制冷剂冷却和水冷却，一般采用循环水冷却系统。该系统包括电池冷却器、水泵和集成在动力电池组内的冷却板及结构框架，能够有效地进行热交换，循环水冷效率高。

2. 电机及控制器的冷却

驱动电机及控制器的冷却通常采用同一冷却回路，即驱动电机冷却系统。冷却方式有自然冷却和强制水冷两种，通常采用循环水冷方式。典型电机和控制器冷却系统由电动水泵、冷却液、循环回路、电风扇、散热器（散热水箱）和温度传感器（图中未标出）组成，如图 1-90 所示。

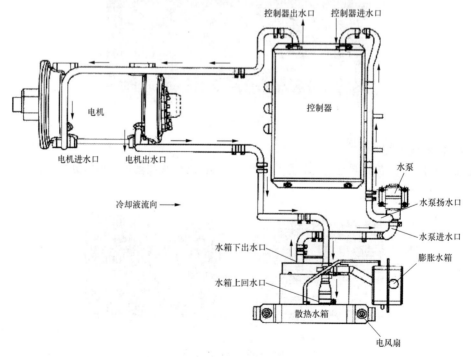

图 1-90　典型电机和控制器冷却系统

当冷却液流经驱动电机和控制器等高温热源时，高温热源通过热传导方式将热量传递给冷却液，冷却液温度升高，在流经散热器时再将冷却液的热量传递给散热器片，风扇吹风或自然风通过对流热交换带走散热片的热量，使冷却液温度降低。电动汽车工作时，这样的循环往复进行，保证驱动电机和控制器在合适的温度下工作。

十一、整车控制器

整车控制器（EV ECU）是电动汽车上最主要的控制器，有对 MCU 的控制、电源管理、自诊断、同其他控制节点（ECU）的数据信息共享、电器管理、防盗器管理等功能。

1. 对 MCU 的控制功能

① 根据加速踏板位置和电机转速确定向 MCU 传送的转矩数据。

② 对于固定传动比的变速器，EV ECU 根据变速器换挡手柄传来的位置信号确定转矩方向。

③ 对于 2 个或 3 个传动比的变速器，EV ECU 根据变速器换挡手柄传来的位置信号确定转矩方向和大小。

④ 当驾驶人踩下制动踏板时，EV ECU 控制 MCU 关闭逆变桥驱动电路信号，由正信号转为全负信号，并开启再生制动和 ABS 摩擦制动功能，主要是控制制动效果。

2. 电源管理功能

无整车控制的电动汽车在停车时需手动断开直流母线，若恰好行车中人为断开母线，则会有很大的电流冲击，同时在修理时会有安全隐患。有整车控制器时，整车控制器中的软件会对正、负直流母线进行有区别的断电。电池箱内配有熔断丝的检修塞或空气开关，只有在维修时才用手动插检修塞或切断空气开关的断电方式。

3. 自诊断功能

整车控制器能对接入自身的传感器、执行器、其他控制器进行监测。整车控制器对检测仪的输出数据包括：整车控制器的版本、电机控制器的版本、防盗电子钥匙的版本、整车控制器存储的故障码、数据流。整车控制器对检测仪输入数据有：单元编码功能、执行元件诊断、自适应功能。检测仪还要有登录上网功能，以利于检测仪的数据更新。

传感器监测包括：对电机中冷却液温度、冷却风扇电机继电器线圈电路、水泵电机继电器线圈电路及有无电机电源的进行监控，有故障生成故障码，有必要时点亮故障指示灯。执行器监测包括：继电器是否能工作，原因在线圈还是开关，电磁阀是否能工作，并设计有进行执行元件诊断的程序。

4. 同其他控制单元（ECU）的数据信息共享功能

图 1-91 所示为典型纯电动轿车控制单元结构。其主要控制功能如下。

① 接收电机控制器节点传来的电机控制器（MCU）过温、低电压、过电流等故障，对故障进行存储，分析后认为有必要则输出至仪表，点亮仪表动力系统故障灯。

② 对来自电池管理系统（BMS）的动力电池总电压、电流，各动力电池的电压，电池箱温度，风扇继电器工作情况，烟度传感器信号，内置温度传感器，动力电池的单块温度等进行处理，必要时，给仪表发送故障信号，向仪表输出 BMS 分系统确定的电池箱号和动力电池位置号，以利于维修中更换动力电池。

③ EV ECU 与空调 ECU 交换信号，控制空调的制热和制冷。

④ 从漏电保护器单元接收高压漏电信号，开启高压漏电自动切断主电路开关功能。

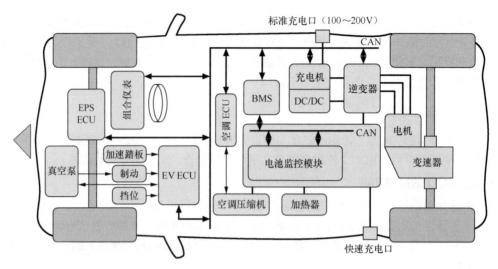

图 1-91　典型纯电动轿车控制单元结构

5. 电器管理功能

① 对灯光和加热器等进行控制。

② 对电器用电的优先权进行控制。

6. 防盗器功能

将编码机械钥匙（或感应钥匙）、整车控制器和电机控制器三者联系在一起，采用变码送码防盗技术。

整车控制器与编码机械钥匙（或感应钥匙）无线通信，通过密码算法确认；整车控制器与电机控制器有线通信，通过密码算法确认。一旦三者身份认证通过，则电机控制器正常工作，否则电机控制器进入控制锁止状态，而不是简单地不发转矩信号，这样可防止盗贼通过车辆自身动力将车盗走。因为三者出厂时已经通过认证，盗贼最多盗走整车控制器和电机控制器，没有钥匙这两个控制器不能工作，也可在一定程度上打消盗贼盗走电机控制器和整车控制器的想法。服务修理上一旦钥匙丢失，软件上有能配制新电子钥匙的程序。防盗控制状态能通过检测仪的数据流功能看到。

学习任务 1-3　电动汽车高压安全

【任务引入】

电动汽车存在高压电，尽管在汽车设计时采取了很多安全措施，但在使用中仍然存在很多安全隐患。电动汽车使用与维修人员必须熟知这些安全隐患，以便有效防止各类安全事故发生，同时要熟悉电动汽车各类特殊情况的应急处理方法及触电事故中的人员急救方法。

本任务主要学习电动汽车安全隐患与措施、高压安全防护、维修车间高压作业安全、高压系统终止与检验、急救与应急处理方面的知识与技能。

【学习目标】

1. 能够正确描述国家标准对高压与低压的规定。

2. 能够正确描述电击事故的类型。

3. 能够正确描述电动汽车可能存在的安全隐患及在设计方面采用的安全措施。

4. 能够正确描述电动汽车高压安全防护措施。

5. 能够正确描述高电压禁用操作程序。

6. 能够正确描述对维修的电动汽车的相关规定。

7. 能够正确描述电动汽车的高电压存在形式及各存在形式下涉及的系统或装置。

8. 能够注意培养劳动保护、安全与环保意识和团队协作意识。

【相关知识学习】

一、高压与人体伤害

1. 高压与低压

高压与低压指的是电压的高低。在国家标准《电动汽车安全要求　第 3 部分：人员触电防护》（GB/T 18384.3—2015）中，根据不同电压等级可能对人体产生的伤害和危险程度，考虑到空气的湿度和人体在不同工作环境下的电阻，在电动汽车中，基于安全考虑将电压分为 A 和 B 两个级别，见表 1-11。

表 1-11　电压的级别及范围

电压级别	工作电压/V	
	DC（直流）	50～150Hz AC（交流）
A	$0 < U \leqslant 60$	$0 < U \leqslant 30$
B	$60 < U \leqslant 1500$	$30 < U \leqslant 1000$

A 级认为是较为安全的电压等级，在直流中是小于或等于 60 V 的。在规定的 50 ~ 150 Hz 频率下，不高于交流 30 V，该电压下的维护人员不需要采取特殊的防电保护。

B 级对人体会产生伤害，被认为是高压。在该电压下必须采取必要的防护设备对维护人员进行保护。

2. 高压电特点

电动汽车的高压具有如下特点。

① 高压的电压一般设计都在 200 V 以上。大多数的电动汽车或混合动力汽车的动力电池电压都在 280 V 以上，如特斯拉 Module S 动力电池总电压 400 V。

② 高压存在的形式既有直流，也有交流。这包括动力电池的直流，也包括充电时的 220 V（或 380 V）电网交流电，以及电机工作时的三相交流电。

③ 高压对绝缘的要求更高。大多数燃油发动机汽车上设计的绝缘材料，当电压超过 200 V 时就可能变成了导体，因此电动汽车上的绝缘材料需要具有更高的绝缘性能。

④ 高压要求正、负极距离大。12 V 电压情况下，正、负极之间的距离很近时才会有击穿空气的可能；但是当电压高到 200 V 以上时，正、负极之间有一个很大的距离时就会发生击穿空气而导电，如在 300 V 电压下，两根导线距离 10 cm 时就会发生击穿导电。

3. 高压电对人体伤害的本质

通常，当人体接触到 30 V 以上的交流电，或 60 V 以上的直流电时，就有可能会发生触电事故。人体的触电并不是指人体接触到了很高的电压，是因为过高的电压通过人体这个电阻后，会在人体中形成电流，从而导致对人体的伤害，因此高电压伤害人体的本质是电流。

在电网中，一直认为 36 V 是一个人体安全电压。实际上在高电压的电动汽车中，这个电压值并不是绝对安全的，主要原因有两个方面：一方面，人体的电阻会存在个体的差异性，例如胖的和瘦的、男的和女的，其电阻值都不会一样；另一方面，人所处的工作环境不同也会导致人体的电阻值发生变化，例如在潮湿的夏天和干燥的冬天，人体表现的电阻也不一样，环境越潮湿，人体的电阻就会越小。此外，每个人对电流流过身体的反应也不一样，有一部分人可能能够承受更大的电流。因此，目前国际上对安全电压通常的认识是直流 60 V 以下，交流 30 V 以下。

当电压高到一定值以后，会有相应的电流流过人体。如图 1-92 所示，有大约 5 mA 的电流通过人体时，就可视作是"电气事故"，会使人产生麻木感。人体内通过的电流达到大约 10 mA 时，到达了导出电流的极限，人体开始收缩，无法再导走电流，电流的滞留时间也相应增加。30 ~ 75 mA 交流电的长时间滞留会导致呼吸停止，75 ~ 100 mA 交流电会导致心室纤维性颤动。经过人体的电流到达大约 80 mA 时，被认为可能致命。

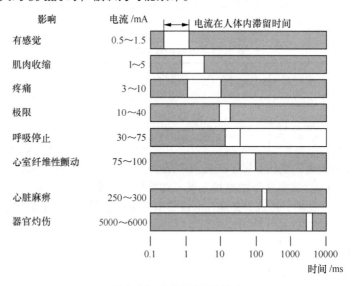

图 1-92　人体对电流的反应

此外，需要注意的是，人体之所以导电，主要的原因是血液含有电解液成分，电解液成分导致了导电性。而人体的皮肤、肌肉也具有一定的导电能力。对于大多数人，整个身体的总电阻值是很低的，特别是有主动脉的地方（胸腔部位和躯干），而最大的危险发生在电流通过人体心脏时刺激心脏产生的异常颤振。

4. 高电压对人体的伤害形式

能够最终对人体产生伤害的是电流，电流对人体的伤害有 3 种形式：电击、电伤和电磁场生理伤害。

① 电击是指电流通过人体，破坏人的心脏、肺及神经系统的正常功能。

② 电伤是指电流的热效应、化学效应和机械效应对人体的伤害，主要包括电弧烧伤、熔化金属溅出烫伤等。

③ 电磁场生理伤害是指在高频磁场的作用下，人会出现头晕、乏力、记忆力减退、失眠、

多梦等神经系统的症状。

一般认为，电流通过人体的心脏、肺部和中枢神经系统的危险性较大，特别是电流通过心脏时，危险性最大。所以从手到脚的电流路径最为危险，因为沿该条路径有较多的电流通过心脏、肺部等重要器官；其次是从一只手到另一只手的电流路径。

此外，触电还容易使人因剧烈痉挛而摔倒，导致电流通过全身并造成摔伤、坠落等二次事故。通常，产生伤害最多的是电击事故。

直流与交流电压都会对人体产生伤害，但是交流电压对人体伤害的阈值却只有直流的 50%。交流电压在人体内产生交流电流，会触发肌肉组织和心脏产生颤动。交流电压的频率越低，危险性越高。交流电会触发心室纤维性颤动，如果不进行急救很快就会致命。

二、电动汽车安全隐患与防护措施

1. 电动汽车的安全隐患

电动汽车安全隐患包括高压触电、动力电池安全隐患，以及危险运行工况下可能存在的其他风险等。

（1）高压触电

电动汽车电压和电流等级都比较高。动力电池的电压一般在 280 V 以上，正常工作时，电流可达几百安培。

人体能承受的安全电压的高低取决于人体允许通过的电流和人体的电阻。人体电阻主要是由体内电阻、体表电阻、体表电容组成的。人体电阻随着条件的不同在很大范围内变化。但是人体电阻一般不低于 1 kΩ。我国民用电网中的安全电压多采用 36 V，大体相当于人体允许电流 30 mA（以人体为电阻 1200 Ω 计）的情况，这就要求人体可接触的电动汽车任意两个带电部位的电压要小于 36 V。

在电动汽车中，人体常见的高压触电形式如图 1-93 所示。

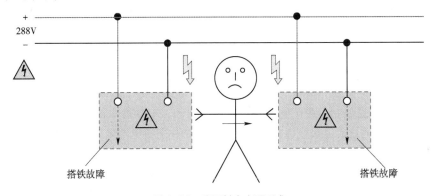

图 1-93 高压触电主要形式

对于系统中的高电压元件，如果由于内部破损或者潮湿，有可能会传递给外壳一个电势。如果形成两个这样外壳具有不同电势的部件，在两个外壳之间会形成具有危险性的电压，此时，如果手触及这两个部件，会有触电的危险。

人体没有任何感觉的电流阈值是 2 mA。这就要求如果人或其他物体构成动力电池系统（或"高电压"电路）与地之间的外部电路，最坏的情况下泄漏电流不能超过 2 mA，即人直接接触电气系统任一点的时候，流过人体的电流应当小于 2 mA 才认为车辆绝缘合格。

（2）动力电池安全隐患

以目前电动汽车广泛应用的锂电池为例。锂电池在正常使用过程中不会出现安全问题，但电池的不正确使用会导致电池的热效应加剧，这是锂离子电池出现安全问题的导火索，最终表现为电池的热失控，从而引起安全事故，导致热失控有以下几种情况。

① 过充电与过放电。在进行车辆充电时，特别是在电池充电末期，电池内部离子的浓度增加，扩散性能下降，浓差极化增加，电池接受能力下降，电池再充电就会出现过充电。过充电时如果电池的散热较好，或者过充电流很小，则电池的温度较低，过充电后只发生电解液的分解，电池仍然安全；如果此时电池的散热较差，或者由于高倍率充电导致电池温度很高而引发化学反应，则往往导致安全隐患。

在放电末期，电池提供大电流的能力下降，当电池剩余电量不足而又需要大电流放电时，就会使电池过放电。在发生过放电时，由于电池负极的锂离子减少，脱出能力下降，极化电压增加，此时很容易导致电池负极的活性物质脱落，容易造成电池内部短路。电池内部短路的直接表现就是迅速产生热量而引发着火隐患。

② 过电流。锂电池过电流主要有以下几种情况。

a. 低温环境下充电。在低温环境下，由于电池的导电性和扩散性下降，特别是电池负极的锂离子活动能力下降，电池可接受电流的能力下降，容易导致电池出现过电流。

b. 电池老化、电池的性能下降（包括容量降低、内阻增加、倍率特性下降等）后，仍按照原来电流充电容易导致产生的相对电流过大。

c. 电池并联成组充电。在并联充电过程中，由于电池一致性的差异，单体电池的内阻各不相同，分配到各单体电池的充电电流不同，可能会导致分配到某些单体电池电流远大于充电电流。

d. 电池的内外部短路。电池短路会在瞬间产生很大电流，电池内部温度急剧升高，而使电池发生泄漏、起火等安全事故。

③ 电池过温（温度过高）。除上述提到的过充电、过放电、过电流会导致电池过温外，以下几种情况也会引起电池过温。

a. 电池的热管理系统失效。主要为动力电池组总成内电池温度传感器损坏，或者是检测控制电路失效或散热风扇损坏。

b. 电池温度采样点有限。车辆上电池数量众多，很难对每个单体电池都实现温度检测。

c. 温度采样位置受限制。由于电池本身结构的原因，电动汽车的电池管理模块对电池的温度采样点一般都在电池正、负极接线柱上，或者通过贴片采集电池外壳的温度，不能反映实际的电池内部温度。

d. 工作环境温度高。如果电池靠近驱动电机或空气压缩机等发热部件，会导致电池过温。

电池温度升高会引发的隐患包括电池本身性能的逐步下降，进一步加剧了电池内部的短路。此外电池本身温度过高，会导致电池产生热变形，从而产生泄漏等事故的发生。

（3）危险运行工况下的安全隐患

电动汽车由于存在高电压，因此在行驶中发生事故时，如果没有很好的安全设计，很容易发生安全事故，这些安全隐患主要体现在以下几个方面。

① 高压系统短路。当动力系统的高压线短路时，将会导致动力电池瞬间大电流放电，此时动力电池和高压线束的温度迅速升高，将会导致动力电池和高压线束的燃烧，严重时还可能会引起电池爆炸。

若动力电池的高压母线与车身短路，乘员可能会触碰到动力电池的高压电，从而产生触电伤害。

② 发生碰撞或翻车。当电动汽车发生碰撞或翻车时，可能导致动力系统高压短路，此时动力系统瞬间产生大量热量，存在发生燃烧甚至爆炸的风险；此外还可能造成高压零部件脱落，对乘员造成触电伤害。如果动力电池受到碰撞或因为燃烧导致温度过高，有可能造成电池电解液的泄漏，对乘员造成伤害，发生碰撞或翻车还会对乘员造成机械伤害。

③ 涉水或遭遇暴雨。当电动汽车遇到涉水、暴雨等工况时，由于水汽侵蚀，高压的正极与负极之间可能出现绝缘电阻变小甚至短路的情况，可能引起电池的燃烧、漏液甚至爆炸，若电流流经车身，可能使乘员遭受触电风险。

④ 充电时车辆的无意识移动。当车辆在充电时，如果车辆发生移动，可能会造成充电电缆断裂，使乘员以及车辆周围人员遭受触电风险；若充电电缆断裂前正在进行大电流充电，还可能造成电池的高压接触器粘连，从而进一步增加人员的触电风险。

2. 电动汽车高压安全防护措施

电动汽车的高压安全防护措施主要体现在维修安全、碰撞安全、电气安全和功能安全4个方面。

（1）维修安全

维修安全主要包含两方面，即类似燃油发动机汽车的维修安全和针对电动汽车的特殊维修安全。电动汽车的维修安全主要是防止高压触电。因此，维修人员在对高电压类型汽车进行操作之前应当保证不会有触电风险。为此大多数汽车在系统上设计有维修开关，图 1-94 所示为比亚迪 e6 纯电动轿车的维修开关位置，当断开维修开关时，动力电池的动力输出立即中断，但仍需等待 5 min 以上才能接触高压部件（此期间用于系统电容放电）。

图 1-94 比亚迪 e6 纯电动轿车维修开关

（2）碰撞安全

当车辆发生碰撞时，车辆的安全系统必须满足碰撞过程中以及碰撞后都要保证相关人员的人身安全。为此有些车辆设计有图 1-95 所示的电路，将惯性开关串联到高压接触器的供电回路中，当发生碰撞时惯性开关断开，从而切断高压接触器的供电电源，此时动力电池的高压输出便会被断开，保证了乘员、行人及维护和救援人员的高压安全。

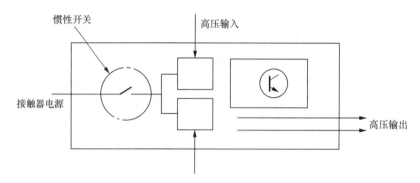

图 1-95　惯性开关在电路中的位置

（3）电气安全

在电气系统主要采用以下安全措施。

① 高压线颜色统一为橙色。用带有不同颜色的线代表不同电压，所以一定要高度重视高压部件上的橙色高压线路。图 1-96 所示为比亚迪 e6 纯电动轿车控制器上的高压线。

图 1-96　比亚迪 e6 纯电动轿车控制器上的高压线

② 高压部件上面设置警示标识。每个电动汽车的高电压部件壳体上都带有一个高压警示标识，售后服务人员或车主均可通过标识直观看出该部件为高电压部件。所用警示标识为国际标准规定的图案，如图 1-97 所示。

图 1-97　比亚迪 e6 纯电动轿车电机控制器上的高压警示标识

③ 带高压电零件的防接触保护。采用多层（三层）绝缘防止意外直接或间接接触带电零件。

④ 电隔离。高压电采用正、负极与车辆搭铁绝缘。发生简单故障时，这种保护可以防止电击。

⑤ 高压零部件的接插件采用安全设计，如图 1-98 所示，既可防止人员直接接触到高压，还可防水、防尘，减小高压系统绝缘出现问题的风险。

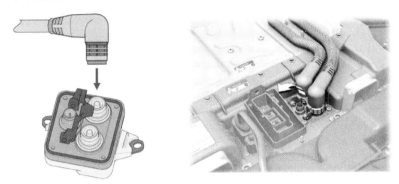

图 1-98　高压插头的安全设计方式

⑥ 高压接触器和短路保护器。如图 1-99 所示，动力电池与外部高压回路之间设计有高压接触器，以保证在驾驶人无行驶意图或充电意图时，车辆除电池内部之外的高压系统是不带高压电的。只有当驾驶人将车辆钥匙打到"Start"挡或对动力电池进行充电时，接触器才可能会闭合。

当高压系统出现短路等危险情况时，为保护乘员和关键零部件，需设计短路保护器。如果流过短路保护器的电流大于某个值时，该保护器便会熔断。

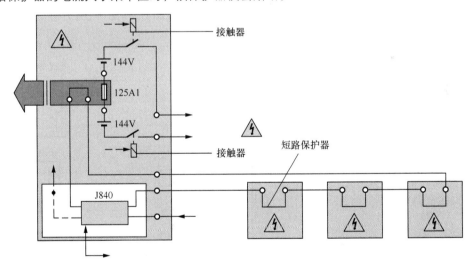

图 1-99　高压接触器和短路保护器设计方式

⑦ 预充电回路。如图 1-100 所示，在动力电池输出高压电之前，先通过预充电回路对电池外部的高压系统进行预充电。预充电回路主要由预充电阻构成。由于高压零部件的高压正、负极之间设计有补偿电容，如果没有预充电电阻，那么在高压回路导通瞬间，补偿电容将会由于瞬间电流过大而烧毁。

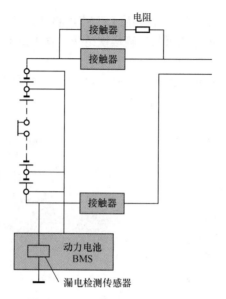

图 1-100　高压预充电电阻设计方式

⑧ 绝缘电阻监测。绝缘电阻监测系统可检测整个高压系统有无绝缘故障，并在仪表中用声音或光表现故障。若绝缘电阻值过小，整车控制器发送接触器断开指令。

电动汽车的绝缘状况以直流正、负母线对地的绝缘电阻来衡量。电动汽车的国际标准规定：绝缘电阻值除以电动汽车直流系统标称电压 U，结果应大于 $100\ \Omega/\mathrm{V}$，才符合安全要求。标准中推荐的牵引蓄电池绝缘电阻测量方法适用于静态测试，而不满足实时监测的要求。

⑨ 高压互锁。在车辆高压系统设置一个导通环（闭环线路），如图 1-101 所示，如果导通环传送的信号中断，切断电压并对高压系统的电容进行放电。

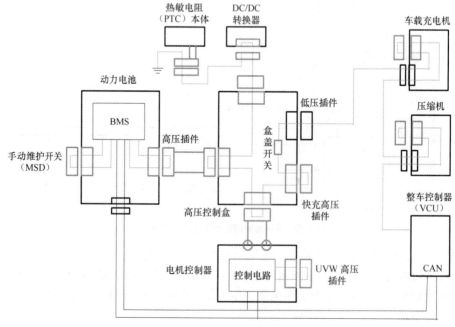

图 1-101　高压互锁原理图

高压互锁具有结构互锁、功能互锁和开盖检测的功能。

a. 结构互锁是指在主要高压电器接插线插头和电器盒盖上带有互锁回路，当某一电器被带电断开，整车控制器（VCU）、ECU 会检测到电路，立即报警并会断开母线高压回路，同时激活主动泄放电路电量。

b. 功能互锁指当车辆在进行充电或插上充电枪时，会限制整车不能通过自身驱动系统驱动，以防止可能发生的充电线束拖拽或安全事故。

c. 车辆高压部件具有开盖检测功能，当在整车高压回路连通的情况下打开盒盖时，系统会立即报警。高压互锁装置会自动断开主继电器，从而断开整车高压系统，并快速释放电机控制器内的大电容电量。

⑩ 服务断开/高压接通锁。工作人员使用诊断辅助系统断开电压后，不仅要确保关闭整个高压系统（高压互锁打开），还要防止高压系统通过"点火开关开启"重新接通。借助高压接通锁的插入（连接），对高压系统又加了一道防止接通的保险。图 1-102 所示为奔驰电动汽车高压接通锁外形图和安装位置。

（a）外形图　　　　（b）安装位置

图 1-102　奔驰电动汽车高压接通锁

⑪ 电源极性反接保护。意外接错电源正负极，系统将自动切断高电压。

⑫ 主动泄放与被动泄放。通过主动与被动监测是否存在对车身短路，自动快速将电池组电能泄放掉，避免电池发热燃烧。

此外，电动汽车高压系统的每一个高压回路均有熔断丝作为过电流保护。动力电池总成内部增加了一定数量的熔断丝盒和接触器进行保护，动力电池的每根采样线也有单独的熔断丝保护。即使发生短路，也可保证电池组等高压器件及线束不会短路损坏或起火。

（4）功能安全

① 转矩安全管理。为防止车辆出现不期望的运动，需要在整车控制器中加入转矩安全控制策略，具体如下。

a. 整车控制器负责计算整车的转矩需求，计算的转矩需求的差值大于某个标定值，则认为转矩输出存在安全风险，此时整车控制器会将车速限制在安全范围内。

b. 若整车控制器计算的需求转矩与电机的实际转矩的差值大于某个标定值，则认为电机的转矩控制存在风险，此时整车控制器将会限制电机的转矩输出，若两者差值一直过大，则切断动力电池的动力输出。

② 充电安全措施。在充电时需要防止车辆移动以及避免快充、慢充、行驶模式之间的冲突，为此采取如下措施。

a. 只有挡位放在 P 挡时才能充电。

b. 在充电过程中，转矩需求及实际转矩输出都为 0。

c. 当充电枪插上时，不能闭合控制高压电输出的接触器。

d. 当充电回路绝缘电阻小于标准要求的阻值时，停止充电并断开高压接触器。

③ 电池组安全管理。

a. 电池可用容量修正。电池管理系统（BMS）根据单体电池在环境温度下的放电容量，以及慢充过程中因为电芯一致性变差导致电池系统充电并未真正充满等因素，确定可用容量上报给整车控制器，整车控制器根据该值计算续驶里程。

b. SOC 估算及修正。根据车载充电模式和行车模式下单体电池最高电压进行 SOC 修正。

c. 放电过程电流控制。行车放电过程中，放电电流不能超过 BMS 给整车控制器上报的最大允许放电电流值。放电过程电流控制策略是 BMS 根据动力电池当前的 SOC 及最高温度实时调整最大允许放电电流数值。

④ 能量回馈过程控制。BMS 通过上报最大允许充电电流给整车控制器来表现动力电池当前状态可以接受最大回馈电流的能力。

⑤ 车载充电电流控制。车载充电时，BMS 根据当前最小温度请求允许最大充电电流。当单体最高电压充电到 3.6 V（针对锂电池，下同）时，BMS 请求充电电流降到 5 A。单体最高电压达到 3.7 V 时，停止充电，并把 SOC 修正为 100%。

⑥ 地面充电控制。快充时，动力电池系统与地面充电桩之间的交互信息及工作流程严格按照《电动汽车非车载传导式充电机与电池管理系统之间的通信协议》（GB/T 27930—2015）执行。受限于动力电池的充电能力，为了更好地实现快充功能，在快充过程中设计有加热功能。

⑦ 保温过程控制。车载充电完成之后，根据电池的温度判断是否需要保温，如果需要保温，进入保温过程。

⑧ 动力电池故障处理。动力电池系统在行车模式/车载充电模式/地面充电模式下诊断和上报处理的故障及处理措施和恢复条件。

3. 电动汽车高压部件

（1）高压部件特点

① 高压部件主要集中在车身的外部。除了少数的混合动力汽车动力电池安装在车辆后部位置外，大多数车辆动力电池、逆变器等都布置在乘客舱外部，而且高压导线也是沿着底盘外布置的。

② 高压部件都具有明显的橙色标识，或者部件的醒目位置粘贴有高压标识。

（2）高压部件位置

纯电动汽车的高电压部件主要集中在驱动系统、空调与加热系统、充电系统、电源系统等，如图 1-103 所示。

① 驱动系统，包括动力电池和三相电机，以及电机驱动控制器和逆变器。

② 空调与加热系统，包括高压电驱动的压缩机、高压的 PTC 加热器。

③ 充电系统，包括车载充电器和充电接口。

④ 电源系统，主要是动力电池及 DC/DC 转换器。

⑤ 用于连接高压部件之间的导线也属于高电压部件。

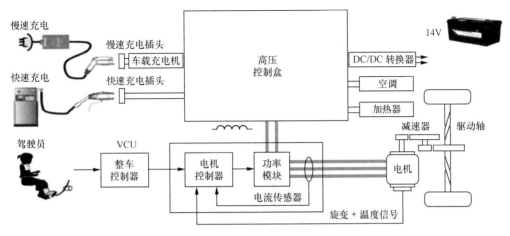

图 1-103　电动汽车高压件的位置

4．电动汽车高压操作规定

① 如果员工没有接受高压意识培训，不允许在电动汽车上执行操作。

② 如果员工在车辆上的工作仅限于操作或客户咨询，如启用冬季轮胎的限速或阐述驾驶室管理及数据系统（COMAND），则不必进行高压意识培训。此外，只是简单驾驶车辆时也没有必要进行高压意识培训。

③ 如果员工在车辆上执行操作、阐述或简单驾驶车辆之外的工作，一定要进行高压意识培训。甚至开启发动机罩，如清洗发动机或添加风窗玻璃清洗液，也要求进行高压意识培训。

④ 如果不具备高压资格和高压产品资格，员工不得在高压网络上作业。不遵守相关注意事项会导致严重结果。

⑤ 接受过高压意识培训的非电工技术专业人员可以在高压系统外执行作业。

⑥ 接受过附加资格认证（高压资格和高压产品培训）的汽车技师、电气技师、机械电子工程师可以在高压系统上执行作业。

三、高压系统终止与检验

由于电动汽车具有高电压，因此在维修电动汽车前，必须首先按照高电压操作规程执行系统电压的终止操作。终止系统高电压以后，可以在一定程度上确保汽车高压系统各部分之间不再具有高电压，从而保证了维护人员的安全。

维修车辆时，需要根据高压系统存在的形式来区别对待。例如，在纯电动汽车的动力电池中会一直存在高压，因此无论何时进行对动力电池的维修，都需要佩戴个人安全防护用品。但是，当执行了正确的高压终止程序以后，例如逆变器、高压压缩机等系统就不再具有高压电了，此时对这些部件的维修可以不用再预防被高压击伤的危险了。

1．电动汽车高压系统存在形式

电动汽车的高压系统集中在车辆的驱动系统、空调与暖风系统、动力电源系统以及带有插电功能的充电系统。根据高电压存在的时间进行分类，电动汽车高压系统的高电压主要有 3 种存在形式，即持续存在、运行期间存在和充电期间存在，如图 1-104 所示。

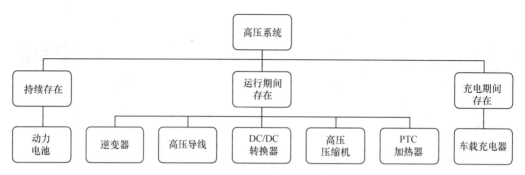

图 1-104　高电压系统存在形式

（1）持续存在

　　电动汽车的动力电池持续存在高电压，即使当车辆停止运行期间，由于动力电池始终存储有电能，因此当满足动力电池的放电条件后，该部件将继续对外放电。

（2）运行期间存在

　　运行期间存在高电压的部件，是指当点火开关（电门）处于 ON、RUN、OK 或其他运行状态下时，部件存在高电压。

　　运行期间存在高电压的系统或部件有以下两种类型。

　　① 只要点火开关（电门）处于 ON 或 RUN 等运行状态下就会存在高电压，这类部件包括逆变器、DC/DC 转换器和连接的高压导线。

　　② 虽然点火开关（电门）处于 ON 等运行状态，但是由于该系统所执行的功能没有被接通，此时相关的部件仍然不会接通有高电压。如纯电动汽车中的高压压缩机和 PTC 加热器，在驾驶人没有运行车辆的空调或暖风功能时，这些部件上是不会存在高电压的。

（3）充电期间存在

　　充电期间存在高电压主要指的是插电式混合动力汽车和纯电动汽车，此类车辆的车载充电器以及连接的导线只有在车辆连接有外部 220 V（或 380 V）电网充电期间才会具有高电压。

　　需要注意的是，有些车辆的车载充电器和动力电池设计有独立的空调式冷却系统，在车辆充电期间，由于动力电池可能产生很高的热量，因此车载空调会运行来降低动力电池的温度，此时车辆的高压压缩机也会在充电期间运行，也存在高电压。

2. 高电压的接通与关闭

　　在电动汽车中，除动力电池外，其他部件都是由整车控制单元或混合动力控制单元通过接触器控制高电压的接通与关闭的。

　　接触器即为一个大功率的继电器，它用于控制高压正、负极导线之间的接通与断开。接触器通常被布置在动力电池组总成内部或者是独立在一个 BDU（配电箱）中，其内部电路如图 1-105 所示，接触器如果断开，整车仅动力电池上会存在高电压，位于接触器下游的高电压系统部件将没有高电压。

（1）接触器接通条件

　　① 点火开关（电门）处于 ON 等运行状态。

　　② 高电压系统自检没有存在漏电等故障。

（2）接触器断开条件

　　① 点火开关（电门）为 OFF。

② 高电压系统检测到存在安全事件的发生。

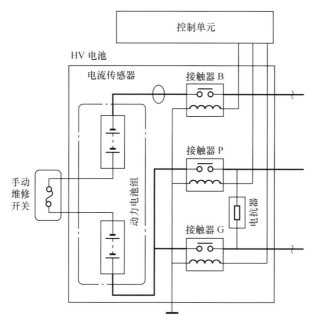

图 1-105　典型电动汽车接触器电路

系统自检到存在安全事件，主要是系统根据自身设定的检验程序，在以下情况下，会因异常情况自动切断高压，避免人员触电。

① 高压系统自检到部件的互锁开关断开。

② 高压系统自检到部件或高压电缆对车辆绝缘电阻过低。

③ 车辆发生碰撞，且安全气囊已弹出。

3. 手动切断动力电池高压

在动力电池上，按照国家新能源汽车安全标准都会设计有一个串联的手动维修开关，用于人工切断整个动力电池的回路。

当该开关被断开后，整车的高压部件将不再具有高压，同时动力电池的总输出正、负极端口也不再有高压。

需要注意的是，即使手动开关被断开，动力电池内的电池及其连接电路仍然在串联的位置还具有高压。

此外，手动维修开关由于能够物理上直接切断动力电池的高电压回路，因此汽车制造厂商都会将该开关设计有特殊的锁止结构，避免人为意外触发或者行驶中因为振动等因素断开。手动维修开关的断开方法一般会标示在开关上面，或者在车主的用户手册中，图 1-106 所示为典型纯电动汽车上的手动维修开关断开方法。

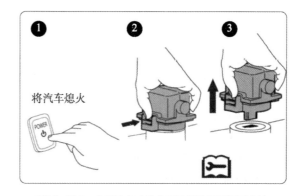

图 1-106　典型纯电动汽车手动维修开关断开方法

4. 高压系统的终止与检验操作步骤

在维修带有高电压的电动汽车前，务必执行高压的终止和检验操作，避免因意外高压触电。高压系统的终止与检验操作步骤主要分为高压的终止和高压的检验两个部分，如图 1-107 所示。

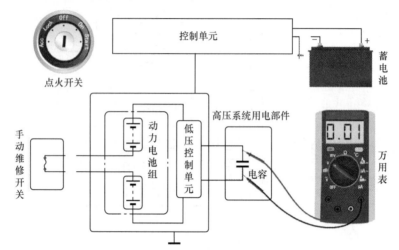

高压检验，利用数字式万用表再次确认高压终止以后，具体维修的部件其上已不再有高压。

图 1-107　高压终止与检验

（1）高压终止

高压终止主要是通过正确的操作步骤来关闭车辆高压系统。正常情况下，执行高压终止后，车辆除了动力电池外，其他部件应该都不具有高电压。

高压终止的基本步骤如下。

① 关闭点火开关（电门开关）。关闭点火开关（电门开关）后，将钥匙放到一个安全的区域，通常应该远离被维护的汽车。

 说 明

> 如果使用按钮起动，把钥匙拿到离车至少 5 m 远的地方，防止汽车意外被起动。

② 断开辅助电池负极端子。找到 12 V 辅助电池，断开电池的负极，并固定搭铁线，以防止移动蓄电池负极端子。

③ 拆除手动维修开关。找到维修开关并断开。

当处理橙色高压组件和线路时，确保戴着绝缘橡胶手套。将拆下的维修开关放在口袋中以防止其他人将它安装回车上去，并将裸露的维修开关槽使用绝缘胶布封住。

④ 等待 5 min。拆下维修开关后，须等待 5 min，使得高电压部件中的电容器进行放电，才可以继续对车辆进行高压检验操作。

（2）高压检验

高压检验是利用数字万用表再次确认高压终止以后，具体维修的部件上确实已不再有高压，该步骤符合高压的检验操作标准。

使用万用表测量高电压部件的连接器各个高压端子，在执行高压终止以后，每个端子对车身的电压应该小于 3 V，且端子正负极之间的电压也应该小于 3 V。

　　如果任一被测量的电压超过 3 V，说明系统内部存在高压黏结情况，需要有经过特殊培训的工程师来进行处理。

 说 明

　　在检验高电压端子期间，必须佩戴好个人安全防护用品。

四、急救与应急处理

1. 急救

　　援救触电事故中受伤人员时，自身的安全是第一位的，绝对不要去触碰仍然与电压有接触的人员。如果可能，马上将电气系统断电，或用不导电的物体（木板、扫帚把等）把事故受害者或者导电体与电压分离。基本的高压触电急救流程如图 1-108 所示。

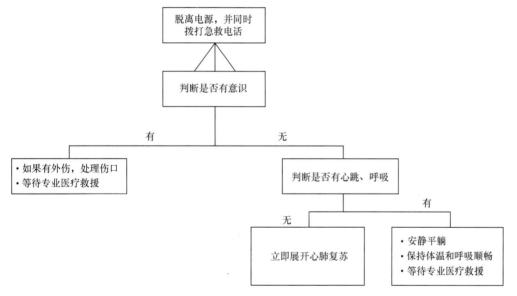

图 1-108　高压触电急救流程

（1）迅速脱离电源

　　人体触电以后，可能由于痉挛或失去知觉等原因而紧抓带电体，不能自己摆脱电源。抢救触电者的首要步骤就是使触电者尽快脱离电源。在电动汽车中脱离电源的方法是带上绝缘手套将触电人员脱开或者切断高压电源。总之，要因地制宜，灵活运用各种方法，快速切断电源，防止事故扩大。

（2）现场急救

　　当触电者脱离电源后，应根据触电者的具体情况迅速对症救护，力争在触电后 1 min 内进行救治。国内外一些资料表明，触电后在 1 min 内进行救治的，90%以上有良好的效果，而超过 12 min 再开始救治的，基本无救活的可能。现场应用的主要方法是口对口人工呼吸和人工胸外心脏按压法，严禁打强心针。

　　口对口人工呼吸法是用人工的方法来代替肺的呼吸活动，使空气有节律地进入和排出肺脏，供给体内足够的氧气，充分排出二氧化碳，维持正常的通气功能。

人工胸外心脏按压法是指有节律地对心脏按压，用人工的方法代替心脏的自然收缩，使心脏恢复搏动功能，维持血液循环。

（3）急救方法

① 触电事故。触电者一般有以下 4 种症状，可分别给予正确的对症救治。

a. 神志尚清醒，但心慌力乏，四肢麻木。对该类人员一般只需将其扶到清凉通风之处休息，让其自然慢慢恢复。但要派专人照料护理，因为有的病人在几小时后可能会发生病变。

b. 有心跳，但呼吸停止或极微弱。该类人员应该采用口对口人工呼吸法进行急救。

c. 有呼吸，但心跳停止或极微弱。该类人员应该采用人工胸外心脏按压法来恢复病人的心跳。

d. 心跳、呼吸均已停止者。该类人员的危险性最大，抢救的难度也最大。应该同时采用人工呼吸法和人工胸外心脏按压法进行急救。最好是两人一起抢救，如果仅有一人抢救时，应先吹气 2~3 次，再挤压心脏 15 次，如此反复交替进行。

② 电池事故。如果发生电池事故时，应按以下要求进行处理。

a. 如果发生了皮肤接触，用大量的清水进行冲洗。

b. 如果吸入了电池释放的气体，必须马上呼吸大量新鲜空气。

c. 如果电池泄漏物接触到了眼睛，用大量的清水进行冲洗（至少 10 min）。

d. 如果吞咽了电池内溶物，喝大量清水，并且避免呕吐。

2. 应急处理

电动汽车的应急处理需求常见的有救援、火灾、泄漏、牵引车辆和跨接起动。

（1）救援

在对高压车辆进行救援时，千万不要因为车辆比较安静就误以为它就处于停机状态。对于混合动力汽车，当车辆处于"READY"模式时（Y 灯亮），发动机会自动停机，所以在检查或维修发动机舱时，记住要先看看"READY"指示灯是否已经熄灭了。

在处理维修车辆前，首先用挡块挡住车轮并进行驻车制动，挂"P"挡并确认"P"挡指示灯亮，然后按 POWER 按钮并确认"READY"指示灯熄灭，断开 12 V 辅助电池，最后拔掉维修开关或者 HV 熔断丝。

需要注意的是，在对电动汽车操作时，急救组要知道橙黄色电缆代表高压。并在断开高压电池、接触电缆前也要等待 5 min，即等电容充分放电完毕。

此外，解救时若高压电缆被撞断，系统一般会在人员触电前被切断，因为车辆上的绝缘监测功能会不断地监测高压电缆到金属底盘的漏电。此外撞车时，气囊展开，高压电源也会自动切断，即使气囊不展开，转换器里面的减速传感器若超过其限位，也会切断高压电。

（2）火灾

高压动力电池电解液主要由带腐蚀性的化学液体组成，因此在着火后，可以采用大量的水或者干粉灭火器灭火。

常规的 ABC 干粉灭火器，适用于油或电路火灾。然而，如果只是高压动力电池着火，则推荐使用二氧化碳灭火器，而发生大面积或大的火灾时，持续的浇水也同样适合熄灭高压动力电池火灾。但是使用少量的水，如只用一桶，是危险的，实际上将加剧高压电池火灾的程度。

（3）泄漏

当面对的情况有可能是高压动力电池溢出电解液时，及早穿好合适的防护用品，并采用红色石蕊试纸检查溢出液，如果试纸变为蓝色，溢出的液体需要使用硼酸液进行中和。中和完成后，使用试纸再去检查溢出液，确认试纸颜色不改变。

中和完毕后，用充足的吸水毛巾或布，吸收事故中溢出的电解液。

（4）牵引车辆

由于多数车辆为前轮驱动，因此对于这类电动车辆的牵引，必须严格遵守制造厂商的要求，否则可能损坏车辆的三相驱动电机或变速单元。

无论是混合动力汽车还是纯电动汽车，正确的牵引方法是使其全部平放在货车上，然后由牵引车辆运输指定的位置。但是，如果是前轮驱动的车辆，也可以采用前轮离地的方式进行车辆的牵引。

（5）跨接起动

无论是纯电动汽车还是混合动力汽车，其全车控制模块的供电都是通过 12 V 蓄电池来完成的。也就是说，在电动汽车中，除了高压动力电池外，所有的车辆还会配置有 12 V 低压蓄电池。

由于 12 V 蓄电池用来给所有 ECU 供电，若没有该电源，ECU 不能工作，车辆也没法驱动。如果纯电动汽车或混合动力汽车没有起动，则 12 V 辅助电池可以跨接起动。

2

项目二
混合动力汽车

学习任务 2-1　混合动力汽车类型认识

【任务引入】

通常认为，由发动机、动力电池和驱动电机组成的混合系统来提供能量源的汽车，即为混合动力汽车。混合动力汽车是燃油发动机汽车向纯电动汽车过渡的一种类型，在组成上保留了燃油发动机汽车的大部分结构，同时增添了电机、储能元件、电力电子元件等，因而在组成上更加复杂，结构也更加灵活，存在多种结构类型。

本学习任务主要介绍混合动力汽车的特点及主要类型。

【学习目标】

1. 能够正确描述混合动力汽车的特点。
2. 能够正确描述混合动力汽车的基本组成及各组成部分的功能。
3. 能够正确描述混合动力汽车的分类方法及各类型混合动力汽车的特点。
4. 能够通过观察混合动力汽车的典型特征，判断混合动力汽车的类型。

【相关知识学习】

一、混合动力汽车的特点

1. 与纯电动汽车相比的优点

与纯电动汽车比较，混合动力汽车具有以下优点。

① 减少了电池包的数量，即降低了整车的重量和成本。

② 延续燃油发动机汽车成熟的驱动与控制技术，适合量产并降低了制造成本。

2. 与燃油发动机汽车相比的优点

与燃油发动机汽车比较，混合动力汽车具有以下优点。

① 可使发动机在最佳效率区域稳定运行。

② 可实现纯电驱动。

③ 可实现制动能量回馈，进一步降低汽车的能量消耗和排放污染。

④ 可满足日益严格的环保法规要求。

二、混合动力汽车的组成

混合动力汽车继承和沿用了很大一部分的燃油发动机汽车传动系统，保留了燃油发动机汽车的操纵装置，包括发动机控制装置、加速踏板、制动踏板、离合器踏板、变速器的操纵装置等。混合动力汽车一般由发动机、电动/发电机、电机、储能装置、功率转换装置和控制装置等组成，如图 2-1 所示。

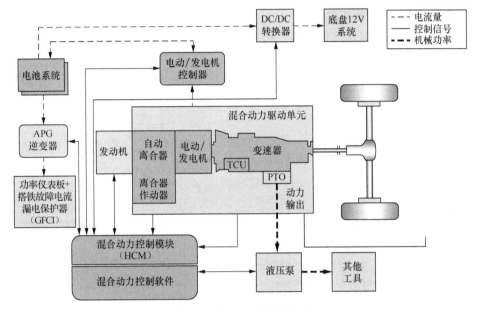

图 2-1　混合动力汽车的组成

1. 发动机

从能量来源来说，可以采用汽油机、柴油机。从结构原理上，可以采用四冲程发动机、二冲程发动机、转子发动机和斯特林发动机。与传统发动机一样，转子发动机燃烧效率比较高，排放比较少。一般用于混合动力汽车的是四冲程发动机。丰田普锐斯（PRIUS）采用阿特金森循环发动机。

2. 电动/发电机

汽车起动时电机作为发动机的起动机；发动机运转时带动发电机发电，为动力电池充电。根据不同的混合动力结构，电动/发电机的功率大小和布置也不相同，在某些混合动力汽车上直接参与车辆驱动，在车辆加速或爬坡时提供辅助动力，在车辆制动时回收制动反馈能量。

3. 驱动电机

驱动电机用于纯电驱动、混合驱动和制动能量回收，可采用直流电机、交流异步电机、永磁同步电机和开关磁阻电机等多种类型。目前多数采用永磁同步电机，开关磁阻电机也得到重视。

4. 储能装置

储能装置是混合动力汽车的电机驱动、能量回收和发电时的电能存储单元。储能装置可以是不同类型的动力电池、超级电容、燃料电池或者多种储能元件的复合。

5. 电动附件

电动附件包括水泵、油泵、制动系统、电动助力转向系统等。

这些操纵装置接收驾驶人的输入信号，并且发出控制信号。通过中控计算机的中央控制器和各个部分的控制模块向驱动系统中发动机、电机、离合器、变速器发出指令，以获得不同的驱动模式。同时整车的传感器系统采集车辆信号，为控制系统提供反馈信号。

三、混合动力汽车的分类

1. 根据驱动系统连接方式分类

根据混合动力驱动系统的不同连接方式，混合动力汽车主要分为串联式、并联式、混联式和复合式 4 类，如图 2-2 所示。

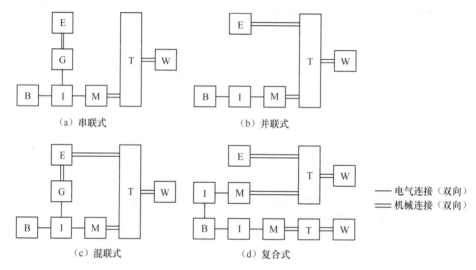

图 2-2　混合动力汽车分类

B—电池；E—发动机；G—发电机；I—逆变器；M—驱动电机；

T—传动装置；W—驱动轮

（1）串联式混合动力汽车（SHEV）

如图 2-2（a）所示，串联式混合动力汽车的能量流向为：由发动机直接带动发电机，燃料的化学能通过燃烧转换为机械能驱动发电机发电，将机械能转换为电能；电能再传输给电机，将电能转换为机械能驱动汽车。在串联式结构中，动力电池相当于"缓冲器"，在发电机和电机之间进行能量的调节。这种动力系统在城市公交车上使用较多，可以很好地改善城市工况中车辆的燃油经济性和排放性。增程式电动汽车也是根据这样的结构原理开发的，其能量流动路线如图 2-3 所示。

（2）并联式混合动力汽车（PHEV）

如图 2-2（b）所示，车辆的驱动力由电机及发动机同时或单独供给，其驱动系统主要由发动机、电池组、电动/发电机、减速机构、变速器和驱动轮等组成。并联式驱动系统的结构特点是可以单独使用发动机或电机作为动力源，也可以同时使用电机和发动机作为动力源驱动汽车行驶，但通常情况下是以发动机为主，电机为辅，电机一般无法单独驱动汽车。

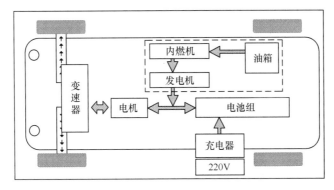

图 2-3　串联式混合动力汽车能量流动路线

　　并联式混合动力系统结构简单，成本低，适用于多种行驶工况，尤其适用于复杂的路况，所以在轿车中应用较多，如本田 Accord 和 CR-Z 混合动力轿车上即采用了这种系统。并联式混合动力汽车的能量流动路线如图 2-4 所示。

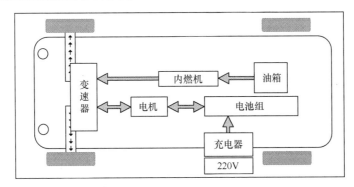

图 2-4　并联式混合动力汽车能量流动路线

（3）混联式混合动力汽车（CHEV）

　　混联式混合动力汽车同时具有串联式、并联式驱动方式，如图 2-2（c）所示。特点是可以在串联混合模式下工作，也可以在并联混合模式下工作，同时兼顾了串联式和并联式的特点。由于这种类型混合动力系统可以设计成用发动机驱动前轮、用电机驱动后轮的形式，所以适合应用于四轮驱动的车辆。代表车型有普锐斯，雷克萨斯 CT200h，比亚迪秦、唐，高尔夫 GTE，雅阁 Hybird 等。混联式混合动力汽车的能量流动路线如图 2-5 所示。

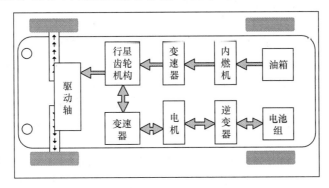

图 2-5　混联式混合动力汽车能量流动路线

（4）复合式混合动力汽车

　　如图 2-2（d）所示，复合式混合动力汽车结构更复杂，难以把它归于上述 3 种类型中的任何一种。其结构似乎与混联式混合动力汽车相似，因为它们都有起发电和驱动作用的电动/发电机；二者的主要区别在于复合式混合动力汽车中的电机允许功率流双向流动，而混联式混合动力汽车的发电机只允许功率流单向流动。双向流动的功率流可以有更多的运行模式，这对于采用 2 个驱动动力装置的混联式混合动力汽车而言是不可能达到的。复合式混合动力汽车同样具有结构复杂、

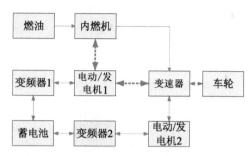

图 2-6　复合式混合动力汽车简化能量流动路线
（两虚线箭头只能有 1 个）

成本高的缺点，不过，现在有些新型的混合动力汽车也采用这种双轴驱动的复合式系统。复合式混合动力汽车的能量流动路线如图 2-6 所示。

　　为了实现混联式以及复合式的混合驾驶模式，发动机与电动／发电机之间以及电机与变速器之间必须进行机械连接，其中机械连接装置多选择行星齿轮机构。

2. 按照混合度分类

　　目前，按照混合度分类的说法也比较流行。混合度即电机峰值功率占发动机额定功率的百分比。根据我国汽车行业标准中对混合动力汽车的分类和定义，混合动力汽车按照混合度分为微混、轻混、中混和重混 4 种。

（1）微混

　　微混合动力（简称微混）的混合度小于或等于 5%。微混合动力车型的电机基本不具备驱动车辆的功能，一般是用作迅速起动发动机，实现起动/停止功能。微混合，也称"起停（Start-Stop）"式混合，在交通拥堵的城市，可实现节油率 5%～10%。这种混合动力系统实际上就是将燃油发动机汽车的发电机换为电动/发电机，除正常的发电功能外，还可以驱动发动机起动，所以也被称为 BSG（轻度混合动力）系统。由于 BSG 系统能够快速起动发动机，从而取消了发动机的怠速，降低了油耗和排放。微混合动力系统电机的电压通常有 12 V 和 24 V 两种，其中 24 V 主要用于柴油混合动力系统。从严格意义上讲，微混合动力汽车不属于真正的混合动力汽车，电机仅作为发动机的发电/起动机使用，并没有为汽车行驶提供持续的动力。

　　微混型混合动力汽车的代表车型有 PSA（标致雪铁龙集团）的混合动力汽车 C3、丰田混合动力汽车 Vitz、奇瑞 A5 和君越混合动力汽车等。

（2）轻混

　　混合度在 5%～15% 的为轻混合动力（简称轻混），也称为"辅助驱动混合"。这种类型系统中，在发动机和变速器之间装有集成起动电机（ISG），发动机依然是主要动力，电机不能单独驱动汽车，只是在爬坡或加速时辅助驱动，同时具有制动能量回收和"起停"功能。发动机排量可减少 10%～20%，电机的功率约为发动机的 10%，节油率可达到 10%～15%。

　　轻混型混合动力汽车的典型代表是本田 Insight 混合动力汽车和 GM 的混合动力皮卡车。

（3）中混

　　混合度在 15%～40% 的为中混合动力（简称中混）。中混合动力系统同样采用了 ISG 系统，但与轻混合动力系统不同，中混合动力系统采用的是高压电机，可以单独驱动车辆，当汽车处于

加速或者大负荷工况时，电机能够辅助驱动车轮，从而补充发动机本身动力输出的不足。

中混型混合汽车的代表车型有本田 Accord 和思域。

（4）重混

混合度在 40% 以上的为重混合动力（简称重混），也称为全混合或强混合动力系统。这种动力系统采用了 272～650 V 的高压电动/发电机，混合程度更高。

重混合动力系统电机和发动机可以独立或联合驱动车辆，低速起步、倒车和低速行驶时可以纯电动驱动，同时具有制动能量回收和"起停"功能。电机的功率约为发动机的 50%，节油率可达到 30%～50%。技术难度较大，成本较高。

混联式混合动力系统基本都属于强混，而插电式混合动力系统也基本都能满足 25% 以上的电功率比例，所以也属于强混。

重混型混合动力汽车的代表车型是丰田 Prius 和 Estima。

3. 按能否进行外部充电分类

混合动力汽车按能否进行外部充电，分为插电式混合动力（见图 2-7）和非插电式混合动力。

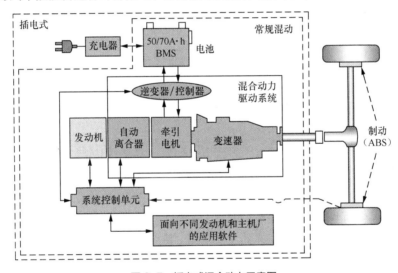

图 2-7　插电式混合动力示意图

插电式混合动力系统根据欧美地区驾车习惯而来，更有利于节能减排。这种模式的出现基于对欧美人群用车情况的分析。国外研究机构根据资料统计得出结论，法国城镇居民 80% 以上日均驾驶里程少于 50 km，美国汽车驾驶者也有 60% 以上日均驾驶里程少于 50 km，80% 以上日均驾驶里程少于 90 km。因此，在车辆上安装一套大的电池组，使其电量足以撑过这一里程，就可以在大部分日常行驶中达到零排放。

插电式混合动力的特征是可由电能单独驱动，并配备一个大容量的可外部充电的蓄电池组，显著的特性是可通过外部工业 380 V 或家庭 220 V 电源进行充电。插电式混合动力汽车电机的功率接近发动机，可实现较长距离的纯电动行驶，电池容量根据纯电动模式的续驶里程来选定，电池成本增加很多，节油率在不计电能时最大可达到 100%。

比亚迪 F3 DM 和雪佛兰 VOLT，以及奔腾 B50 插电式混合动力轿车都属于这种类型。

非插电式混合动力汽车的电池不能由车外部的电源进行充电，即只能由本车的电机或发动机来充电。

4. 按运行模式分类

按运行模式，混合动力汽车可分为单一模式混合动力汽车和双模式混合动力汽车。

（1）单一模式混合动力汽车

这种类型的混合动力汽车可以按照 3 种方式操控，即仅使用电力驱动、仅使用发动机驱动和发动机与电力的组合驱动。

如果在交通拥堵、时停时走的状态下，仅使用电力驱动，延长发动机的关闭时间，则可以实现完全意义上的节油。这种模式适用于低速小负荷的情况。

（2）双模式混合动力汽车

这种类型混合动力汽车的核心实质上是一个电控可调变速器。它利用现有的传动系统，配有两个电机，可以在两种混合动力运行模式之间实现自如切换。

在双模式混合动力系统中，精准的控制机构将决定汽车在特定的行驶状态下采用何种驱动方式。控制机构输入功率将取决于行驶时所需的转矩，并向发动机和电机发出相应的指令。发动机和电机将转矩传送到变速器中的一系列齿轮，利用与传统自动变速器类似的原理将转矩扩大，从而驱动汽车行驶。但与传统的持续型可变变速器不同的是，双模式混合动力电子控制系统并不使用皮带或传送带，两种模式之间是同步切换的，即切换模式时无须改变发动机速度，从而实现平稳加速。

这种模式主要适用于高速公路驾驶。除电力驱动辅助外，发动机可以在必要时起动全部气缸，如超车、拖载或爬坡时。它整合了尖端电子控制技术、随选排量技术、凸轮调整以及进气门延迟启闭系统，使发动机的动力输出更加灵活、有效。

学习任务 2-2　混合动力汽车工作模式认识

【任务引入】

不同类型的混合动力汽车，其结构和基本工作原理各不相同。本学习任务主要介绍串联式、并联式、混联式和插电式混合动力汽车的主要结构、特点及工作模式。

【学习目标】

1. 能够正确描述串联式混合动力汽车驱动系统的工作原理、特点。

2. 能够正确描述串联式混合动力汽车驱动系统的工作模式种类、各种类工作模式的工作原理及适用的汽车工况。

3. 能够正确描述并联式混合动力汽车驱动系统的工作原理、特点。

4. 能够正确描述并联式混合动力汽车驱动系统的工作模式种类、各种类工作模式的工作原理及适用的汽车工况。

5. 能够正确描述混联式混合动力汽车驱动系统的工作原理、特点。

6. 能够正确描述混联式混合动力汽车驱动系统的工作模式种类、各种类工作模式的工作原理及适用的汽车工况。

7. 能够正确描述插电式混合动力汽车的基本结构。

8. 能够正确描述插电式混合动力汽车的工作模式种类、各类型工作模式的工作原理及适用的汽车工况。

9．能够通过观察不同类型的混合动力汽车，说明其主要结构、特点及工作模式。

【相关知识学习】

一、串联式混合动力汽车

1．结构

串联式混合动力汽车驱动系统的结构如图 2-8 所示。其工作原理是：发动机带动发电机发电，发出的电能通过电机控制器输送给电机，由电机将电能转换为机械能驱动汽车行驶。储能系统（动力电池、超级电容、飞轮电池等）是发电机与电机之间的储能装置，起到功率平衡的作用，即当发电机发出的功率大于电机所需的功率时（如汽车减速滑行、低速行驶或短时停车等工况），多余电能向储能系统充电；而当发电机发出的功率低于电机所需的功率时（如汽车起步、加速、爬坡、高速行驶等工况），储能系统向电机提供额外的电能，补充发电机功率的不足，满足车辆峰值功率要求。

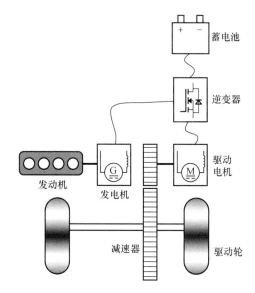

图 2-8　串联式混合动力汽车驱动系统

串联式混合动力汽车上的发动机与道路负荷不耦合，不必考虑传动系统的要求，这样就可对发动机工作进行优化，使其在某一固定工作点（或在某固定工作点周围很窄的区域内）运行。同时广义的"发动机"的选择也具有多样性，可以是发动机，也可以是其他不适合直接驱动车轮的发动机，例如微型燃气轮机、斯特林发动机等。发动机-发电机组作为一个整体也可以是燃料电池系统。采用液化石油气、天然气、氢气或氢气与天然气的混合气体的混合动力汽车排放比较低，装有柴油机的混合动力汽车的燃油经济性比较好。

串联式混合动力汽车有以下两种设计理念。

（1）小发电单元+大容量动力电池组合

以电池动力为主要驱动能量的来源，而小型发动机作为车载发电装置用来增加续驶里程。小发电单元（即发动机与发电机组成的车载发电装置）用来调节电池存储能量的峰谷。在动力电池的荷电状态（SOC）达到设定的下限值时，车载发电装置开始起动并对动力电池充电。车载发电装置一直工作到动力电池达到预定的荷电状态上限值为止。

车载发电装置工作时间的长短与电池容量和自身功率大小有关，具有安静环保的优点，同时发动机的燃油消耗和排放性都得到了明显的改善。但是由于采用了大容量的电池，因此成本较高。增程式电动汽车大多采用这种结构。

（2）大发电单元+小容量动力电池组合

根据串联式混合动力汽车的特点，通过调节发动机的工作点，使发动机一直工作在效率较高的区域，整车以发动机能量转换电能为主。与"小发电单元+大容量动力电池组合"相比，这种组合成本降低，续驶里程更长，同时可以带动其他附件。

但是，由于发动机比前一种设计更大，所以安静舒适度差，环保效果不如前者。美国的混合动力客车因为强调动力性，所以多采用这样的结构，以增加驱动能力，同时能够保持与原车相当的燃油经济性。

发动机-发电机组成的车载发电单元所输出的平均功率与动力电池为满足峰值功率要求而提供的补充功率之间的比例，通常由车辆的应用特点决定，特别要考虑车辆行驶循环的需求。

2. 特点与应用

（1）优点

串联式混合动力汽车具有以下优点。

① 排放污染少。串联式混合动力汽车以动力电池组内的电能为基本能源来驱动。串联式混合动力汽车采用纯电驱动时可关闭发动机，只用电池组电力驱动汽车，实现"零排放"行驶。发动机-发电机组所发出的电能向动力电池组充电，发动机独立工作在高效率区域，用于补充动力电池组的电能或直接供给驱动电机，增加续驶里程，减少有害气体排放。

② 驱动形式多样。串联式混合动力汽车可采用电机驱动系统或轮毂电机驱动系统。根据布置的不同，还可以分为前轮驱动、后轮驱动或四轮驱动等多种驱动形式。

③ 布置方便。串联式混合动力汽车驱动系统是只有驱动电机的电力驱动系统，其特点更加趋近于纯电动汽车。因为驱动电机与发电单元没有机械连接，因而布置起来更容易。

（2）缺点

串联式混合动力汽车具有以下缺点。

① 对驱动电机、发电单元和电池的要求高。在串联式混合动力汽车上，驱动电机的功率需要满足汽车在行驶中的最大功率需求，因此驱动电机的功率要求较大，使得电机的体积和质量都较大。由于需求功率的要求，动力电池组的容量要大。需要装置一个较大功率的发动机-发电机组，外形尺寸和质量较大，在中小型串联式混合动力汽车中布置有一定的困难，所以串联式混合动力汽车驱动系统较适合在大型客车上采用。

② 能量转换效率低。串联式混合动力汽车驱动系统能量通过热能-电能-机械能转换，能量损失较大。

③ 对发动机-发电机组与动力电池之间的搭配要求高。为了保护电池，获得更好的电池性能和寿命，要根据动力电池荷电状态的变化，自动起动或关闭发动机-发电机，以避免动力电池组过度充/放电。所以发动机-发电机与动力电池组之间必须有严格的搭配。

（3）应用

串联式混合动力系统适用于目标和行驶工况相对确定的车辆，例如货物分送车、城市公交车等在城市内频繁起停的车辆。

3. 工作模式

串联式混合动力汽车的典型工作模式有纯电驱动、纯发动机驱动、混合驱动、行车充电、制动能量回收和停车充电等，各工作模式下的能量转换情况如下所述。

① 纯电驱动。如图 2-9 所示，发动机关闭，车辆从车载电池组中获得电能，驱动车辆前进。

② 纯发动机驱动。如图 2-10 所示，车辆驱动功率来源于发动机-发电机组成的发电单元，这时车载电池组既不供电也不从发电单元获取电能。

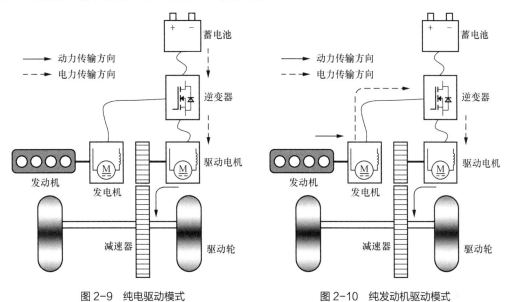

图 2-9　纯电驱动模式　　　　　　　　图 2-10　纯发动机驱动模式

③ 混合驱动。如图 2-11 所示，驱动电机同时从电池组和发动机-发电机发电单元获取电能，驱动车辆。

④ 行车充电。如图 2-12 所示，发动机-发电机除向车辆提供行驶所需功率外，还向电池组充电。

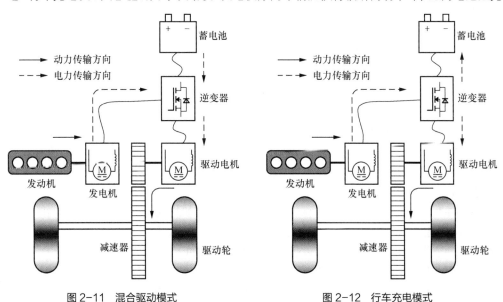

图 2-11　混合驱动模式　　　　　　　　图 2-12　行车充电模式

⑤ 制动能量回收。如图 2-13 所示，由驱动电机作为发电机回收减速或制动过程的能量并向电池组充电。

⑥ 停车充电。如图 2-14 所示，驱动电机不接受功率，车辆停驶，发动机–发电机组仅向动力电池组充电。

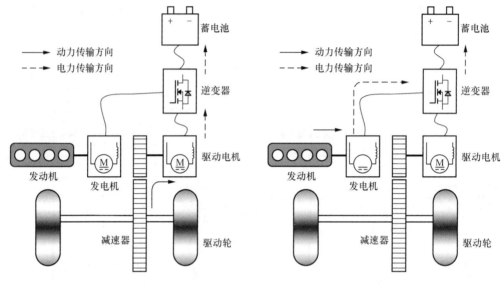

图 2-13　制动能量回收模式　　　　　图 2-14　停车充电模式

实际行车时的工作模式需要经过控制策略的优化，在满足动力性能要求的前提下，保护电池的状态和性能，获得更好的燃油经济性和更低的排放。

二、并联式混合动力汽车

1. 结构

并联式混合动力汽车有发动机和电机两套驱动系统。并联式混合动力汽车可以在比较复杂的工况下使用不同驱动模式，应用范围比较广。并联式混合动力结构由于电机的数量和布置、变速器的类型、部件的数量（如离合器、变速器的数量）和位置关系（如电机与离合器的位置关系）的不同，具有多种类型。

根据输出轴的结构不同，并联式混合动力系统可划分为两种形式，即单轴式和双轴式。

（1）单轴式并联混合动力系统

单轴式并联混合动力系统如图 2-15 所示，发动机通过主传动轴与变速器相连，电机（电动/发电机）的转矩通过齿轮与发动机的转矩在变速器前进行复合，这种形式称为转矩复合。在单轴式结构中，发动机、电机和变速器输入轴之间的转速成一定比例关系。

（2）双轴式并联混合动力系统

双轴式并联混合动力系统如图 2-16 所示，可以有两套机械变速器，发动机和电机（电动/发电机）各自与一套变速器相连，然后通过齿轮系进行复合。在这种复杂结构中，可以通过调节变速器速比来调节发动机、电机之间的转速关系，使发动机的工况调节更灵活。

当采用行星齿轮机构作为动力耦合机构时，由于行星齿轮机构有两个自由度，可以实现根据两个输入部件的转速复合确定输出轴的转速，而各个部件间的转矩保持一定的比例关系，这种功率复合形式称为转速复合。

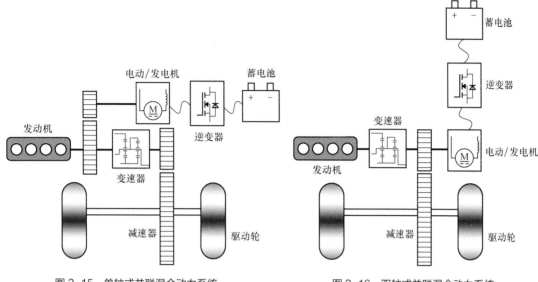

图 2-15 单轴式并联混合动力系统　　　　图 2-16 双轴式并联混合动力系统

2. 特点

（1）优点

相对于串联式混合动力汽车，并联式混合动力汽车有以下优点。

① 驱动功率高。并联式混合动力汽车具有发动机和电动/发电机（或驱动电机）两套动力系统，增强了混合动力汽车的动力性。

② 能量转换效率高。并联式混合动力汽车从发动机到车轮之间的动力传递过程中，除摩擦损耗外，没有机械能-电能-机械能的转换过程，总的能量转换综合效率要比串联式混合动力汽车高。

③ 动力元件体积小。由于在车辆需要较大输出功率时，电动/发电机可给发动机提供额外的辅助动力，所以可以选择功率较小的发动机，燃料经济性比串联式混合动力汽车要高，比串联式混合动力汽车的 3 个动力总成的功率、质量和体积要小很多。

④ 储能元件容量要求减小。根据多能源动力总成匹配的要求，可以选择较小功率的发动机。与此相对应，电动/发电机的质量和体积较小，与它们配套的动力电池组的容量也较小，使整车整备质量大大减小。

⑤ 电动/发电机根据工况灵活工作。电动/发电机同时起到起动机和飞轮的作用（仅单轴式并联混合动力系统），可以带动发动机起动，在发动机运转时起飞轮平衡作用，调节发动机动态变化和输出功率，使发动机基本稳定在高效率、低排放的状态下运转。发动机带动电动/发电机发电，所发出的电能向动力电池组充电，用于补充动力电池组的电能，可增加续驶里程。

（2）缺点

与串联式混合动力汽车相比，并联式混合动力汽车具有以下缺点。

① 发动机工作状态受行驶工况影响。发动机驱动模式是并联式混合动力汽车的基本驱动模式，发动机的工况会受到并联式混合动力汽车行驶工况的影响，无法一直运行在高效区域，因此

发动机排放性能劣于串联式混合动力汽车。

② 结构和布置复杂。并联式混合动力汽车发动机驱动路径需要配备与燃油发动机汽车相同的传动系统，包括离合器、变速器、传动轴、主减速器和差速器等传动总成，另外还有电动/发电机、动力电池组以及动力耦合器等装置，因此并联式混合动力汽车的多能源动力系统结构复杂，布置和控制困难。

3. 工作模式

并联式混合动力汽车可以在纯电驱动模式、纯发动机驱动模式、混合驱动模式、行车充电模式、制动能量回收模式和停车充电模式下工作。

① 纯电驱动。纯电驱动模式如图 2-17 所示，并联结构由于增加了一套电驱动系统，在电池电量充足的情况下使用纯电机起动和车辆起步驱动。纯电驱动起步克服了传统车辆起步时发动机效率低、排放差的缺点。

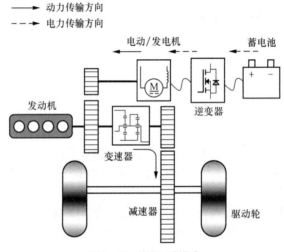

图 2-17　纯电驱动模式

② 纯发动机驱动。纯发动机驱动模式如图 2-18 所示，当车辆匀速行驶，满足发动机高效工作区域时，使用纯发动机驱动，可以获得较高的效率。

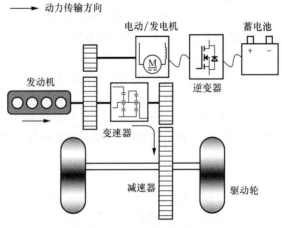

图 2-18　纯发动机驱动模式

③ 混合驱动。如图 2-19 所示，加速或爬坡工况下车辆需要更大的驱动力，这时两条动力线同时输出动力，满足高动力要求。此时电机（电动/发电机）的能量来自电池组。

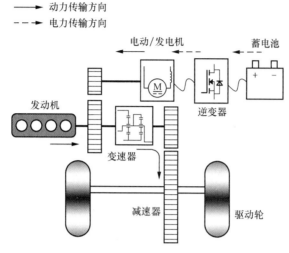

图 2-19　混合驱动模式

④ 行车充电。如图 2-20 所示，当发动机输出功率大于车辆负荷、电池组荷电状态未达到最高限值时，发动机的多余能量用来带动发电机给电池组充电。

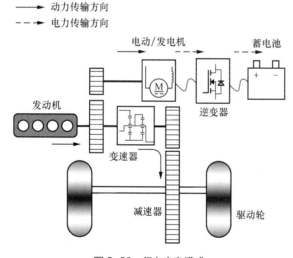

图 2-20　行车充电模式

⑤ 制动能量回收。如图 2-21 所示，车辆减速制动时，电机作为发电机使用，提供电制动力矩，同时回收电能给电池组充电。

⑥ 停车充电。如图 2-22 所示，若停车前电池组的电量不足，为了保证下一次起动时可以使用纯电起动，增加纯电驱动的续驶里程，可以在停车时利用发动机给电池组充电。

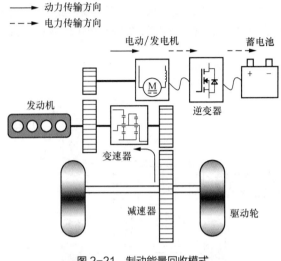

图 2-21　制动能量回收模式

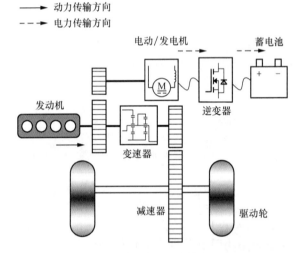

图 2-22　停车充电模式

三、混联式混合动力汽车

1．结构

　　混联式混合动力汽车驱动系统可以在串联混合动力模式下工作，也可以在并联混合动力模式下工作，即两种模式的综合。这就要求有两台电机、一个比较复杂的传动系统和一个智能化控制系统。

　　混联式混合动力汽车驱动系统的结构如图 2-23 所示，其工作原理如下：发动机发出的功率一部分通过功率分流装置（功率分配器），经机械传动系统传至驱动轮，另一部分则驱动发电机发电，发出的电能输送给电机或动力电池，电机的力矩同样也可通过传动系统传送给驱动轮。混联式驱动系统的一般控制策略是：在汽车低速行驶时，驱动系统主要以串联式工作；当汽车高速稳定行驶时，则以并联式为主。

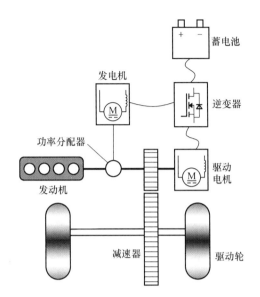

图 2-23 混联式混合动力汽车驱动系统

混联式混合动力汽车驱动系统的结构形式和控制方式充分发挥了串联式和并联式的优点,能够使发动机、发电机、电机等部件进行更优化的匹配,在结构上保证了在更复杂的工况下使系统工作在最优状态,因此更容易实现排放和油耗的控制目标。与并联式相比,混联式的动力复合形式更复杂,因此在机械结构和控制方面对动力复合装置提出了更多的要求。目前的混联式结构一般以行星齿轮机构作为动力复合装置。

2. 特点

(1)优点

① 与串联式混合动力汽车相比,混联式混合动力系统更小、成本降低。混联式混合动力汽车是在并联式混合动力汽车的基础上,再增加电动/发电机或驱动电机构成的,因此混联式混合动力汽车由 3 个动力总成组成,3 个动力总成以 50%～100%的功率驱动车辆,但比串联式混合动力汽车动力总成的功率、质量和体积要小。

② 多种工作模式获得更好的性能。混联式混合动力汽车有多种驱动模式可供选择,包括串联驱动和并联驱动,使发动机的工作状态在多变的工况中都可以选择最优的模式。

③ 发动机参与驱动,减少能量转换损失。发动机驱动模式是混联式混合动力汽车的基本驱动模式之一,从发动机到车轮之间的动力传递过程中,除摩擦损耗外,没有机械能-电能-机械能的转换过程,能量转换的综合效率要比燃油发动机汽车高。

④ 纯电行驶减低排放。纯电驱动模式也是混联式混合动力汽车的基本驱动模式之一,可以独立驱动车辆行驶,在车辆起步时,发挥电机低速大转矩的特征,带动车辆起步,实现"零污染"行驶。

(2)缺点

① 并联模式下排放劣于串联式混合动力汽车。混联式混合动力汽车的动力性能更接近燃油发动机汽车。在并联模式时,发动机的工况受汽车行驶工况的影响,发动机的有害气体的排放高于串联式混合动力汽车。

② 结构复杂布置困难。混联式混合动力汽车需要配备两套驱动系统，发动机传动系统需要装置离合器、变速器、传动轴等传动总成。另外，还有电动/发电机、驱动电机、减速器、动力电池组，以及多能源的动力组合或协调发动机驱动与驱动电机驱动力的专用装置，因此混联式混合动力汽车的多能源动力系统结构复杂，总布置也更加困难。

③ 整车多能源控制系统要求更高、更复杂。多能源动力的匹配和组合有不同的组合形式，需要装配一个很复杂的能源动力总成控制系统，才能达到高的经济性和超低污染的控制目标。

3. 工作模式

混联式混合动力汽车兼具并联式和串联式混合动力汽车的工作模式，可以实现纯电驱动、串联驱动、发动机单独驱动、行车充电、停车充电、制动能量回收、并联驱动和全加速 8 种工作模式。

① 纯电驱动。如图 2-24 所示，利用电池的电能，通过驱动电机单独驱动汽车行驶。

② 串联驱动。如图 2-25 所示，混联式混合动力汽车将在以下两种工况下采用串联驱动模式：一是低速大功率驱动工况（如连续爬坡），此时依照工作状况设定，由驱动电机驱动，将会消耗大量的电，需要发动机为电池补足电量；二是电池电能不足，低于预设值，发动机需要为电池及时补充电能。汽车以串联驱动模式行驶时，发动机工作在经济区且输出恒定功率。

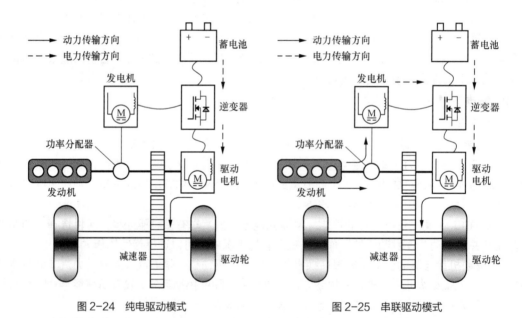

图 2-24 纯电驱动模式　　　　图 2-25 串联驱动模式

③ 发动机单独驱动。如图 2-26 所示，发动机单独驱动和燃油发动机汽车工作状况相同，因此适合于发动机经济转速区域，即此时为巡行车速。

④ 行车充电。如图 2-27 所示，在发动机中速区域，发动机动力负荷偏低，效率低。通过这种行车充电来提高发动机的工作负荷，从而提高发动机的工作效率并为电池补充电能。

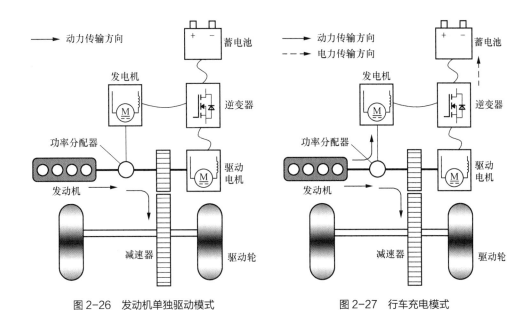

图 2-26　发动机单独驱动模式　　　　　　图 2-27　行车充电模式

⑤ 停车充电。如图 2-28 所示，当电池荷电状态低于设定限值时，采用停车充电模式，发动机在经济区以输出恒定功率的方式带动发电机发电，为电池补充能量。

⑥ 制动能量回收。如图 2-29 所示，汽车制动时，车轮提供反向转矩，带动驱动电机作为发电机发电，以此回收能量。通过回收制动能量，混合动力汽车能很好地控制油耗和排放。这种模式适合工作在中高速滑行和制动的工况下。

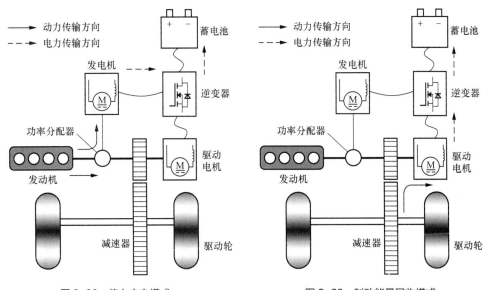

图 2-28　停车充电模式　　　　　　　　图 2-29　制动能量回收模式

⑦ 并联驱动。如图 2-30 所示，发动机和驱动电机同时工作，能提供较大的动力输出，因此，这种模式通常适合于工作在中低速加速和高速区。

⑧ 全加速。如图 2-31 所示，发动机、发电机及驱动电机同时驱动。此时，所有的能量都输出用于驱动汽车，这种模式能获得最大的驱动力。一般用于极限速度行驶、超车等情况。

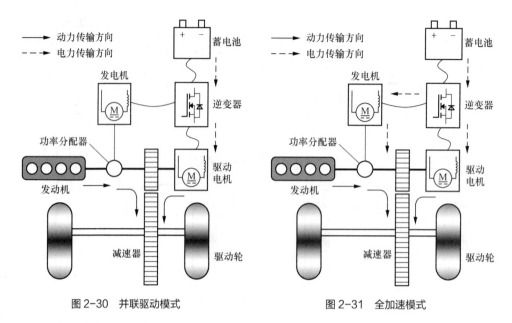

图 2-30　并联驱动模式　　　　　　图 2-31　全加速模式

四、插电式混合动力汽车

1. 结构

插电式混合动力汽车（PHEV）是可以使用电网（包括家用电源插座）对动力电池充电的混合动力汽车，是在油电混合动力的基础上开发出来的。它既可以纯电动长距离行驶，也可以在全混合模式下工作。插电式混合动力系统分为并联与串联两种结构，分别如图 2-32 和图 2-33 所示。

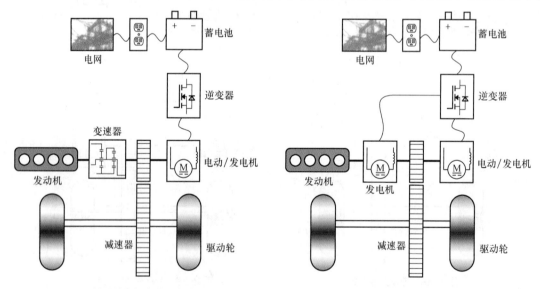

图 2-32　并联结构插电式混合动力系统　　　　　图 2-33　串联结构插电式混合动力系统

插电式混合动力系统自身安装车载充电器，可以直接用电网充电。与纯电动汽车相比，插电式混合动力汽车增加了发动机；与油电混合动力汽车相比，插电式混合动力汽车可以外接电网充电；在相同车型条件下，插电式混合动力汽车的电池比油电混合动力汽车的电池功率大，发动机功率比油电混合动力汽车的小。总之，插电式混合动力在设计目标上是综合纯电动与油电混合动力的优点。

2. 特点

（1）优点

插电式混合动力汽车的特征是行驶动力主要来自电池，发动机只是作为后备动力来源，在电池电量耗尽时才启用。也就是说插电式混合动力汽车主要适合城市道路，在日常使用过程中，它可以当作一台纯电动汽车来使用，只要单次使用不超过电池可提供的续驶里程，它就可以做到零排放和零油耗。

插电式混合动力汽车有以下优点。

① 插电式混合动力汽车有纯电动汽车的全部优点：可利用晚间低谷电对电池充电，提高电厂的机组效率，节约能源。减少温室气体和各种有害物的排放；降低对石油燃料的依赖，减少石油进口，增加国家能源的安全。

② 如果是在城市内行驶，距离较短，使用纯电动模式，不消耗燃油；如果长途旅行，距离较长，使用混合驱动模式，增加续驶里程。

（2）缺点

插电式混合动力汽车有以下缺点。

① 根据特定需求确定纯电动里程，同时影响电池容量大小的选择。

② 纯电行驶对电池提出较高要求，如电池要有足够高的能量密度和功率密度、较长的循环寿命，放电及充电性能要求均高。

③ 对充电设施的要求较高，包括充电站的建设等。

3. 工作模式

根据电池荷电状态的变化特点，可以将 PHEV 的工作模式分为电量消耗（CD）、电量保持（CS）和常规充电（BC）3 种，其中电量消耗模式又分为纯电动（EV）和混合动力（HEV）两种子模式。

PHEV 优先应用电量消耗模式。在电量消耗模式中，PHEV 根据整车的功率需求，具体选择纯电动和混合动力两种子模式。丰田普锐斯（PRIUS）插电式混合动力汽车工作模式如图 2-34 所示。

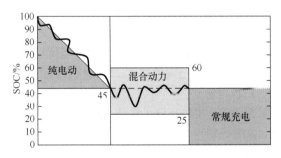

图 2-34 普锐斯插电式混合动力汽车工作模式

在电量消耗-纯电动子模式中，发动机是关闭的，电池是唯一的能量源，电池的荷电状态降低，整车一般只达到部分动力性指标。该模式适合于起动、低速和低负荷时应用。

在电量消耗-混合动力子模式中，发动机和电机同时工作，电池提供整车功率需求的主要部分，电池的荷电状态也在降低，发动机用来补充电池输出功率不足的部分，直至电池的荷电状态达到最小允许值。该模式适合高速，尤其是要求全面达到动力性指标时采用。

在电量保持模式下，PHEV 的工作方式与传统 HEV 工作模式类似，电池的荷电状态基本维持不变。

电量消耗-纯电动、电量消耗-混合动力和电量保持模式之间能够根据整车管理策略进行无缝切换，切换的主要依据是整车功率需求和电池的荷电状态。

学习任务 2-3　BAS 和 ISG 混合动力系统认识

【任务引入】

BAS 混合动力系统，即驱动皮带-发电机-起动机系统，也叫 BAS Hybrid 系统（简称皮带起动系统）。ISG 是集成的具有起动机功能的发电机的缩写（简称集成起动系统）。BAS 和 ISG 这两种动力系统目前只对发动机起助力作用，无法实现纯电驱动。

本学习任务主要介绍 BAS 和 ISG 这两种动力系统的结构原理及整车特点。

【学习目标】

1. 能够正确解释混合动力系统的工作阶段。
2. 能够正确描述 BAS 混合动力系统的基本结构特征。
3. 能够正确描述 BAS 混合动力系统典型工作模式的工作原理。
4. 能够正确描述 ISG 混合动力系统的典型结构和控制原理。
5. 能够通过观察不同类型的混合动力汽车，区分 BAS 和 ISG 混合动力系统，并能够简单阐述其典型结构特征和工作原理。
6. 能够注意培养劳动保护、安全与环保和团队协作意识。

【相关知识学习】

一、混合动力系统的工作阶段

混合动力车辆在不同的状态下，混合动力系统处于不同的工作阶段，具体情况如下所述。

燃油供给阶段：发动机正常工作，消耗燃油。

电动助力阶段：当驾驶人踩下加速踏板比较深时，通过电机对车辆进行电动助力。

智能充电阶段：发电机由发动机带动旋转，动力电池尽可能地从系统中获得更多的充电机会。

减速断油阶段：当车辆在制动、滑行或停驶后，发动机被切断燃油供应。在某些滑行期间，为了保证转矩的平顺性，电机也将转动。

再生制动阶段：当车辆减速时，发动机停止供油，变矩器锁止，车辆带动发动机转动，电机此时作为发电机进行发电，发电机相当于车辆的负载，对车辆有制动作用（类似于发动机制动）。

二、BAS 混合动力系统

1. 基本结构特征

以下以别克君越 ECO Hybrid 油电混合动力为例介绍 BAS Hybrid 系统。

BAS 混合动力系统是一种低电压、小电机系统，电机没有驱动车辆的能力。其基本工作原理是：发动机在自动停止模式时处于关闭状态，没有燃油流向发动机；当驾驶人松开制动踏板，或踩下加速踏板车辆需要起步时，电机带动发动机运转，燃油供应恢复，发动机自动起动。

　　君越 ECO Hybrid 油电混合动力系统结构如图 2-35 所示，由起动机/发电机总成（MGU）、起动机/发电机控制模块（SGCM）、发动机、动力电池（36 V 电池组）、辅助电池（12 V 电池）、驱动皮带及双向张紧器总成等组成。

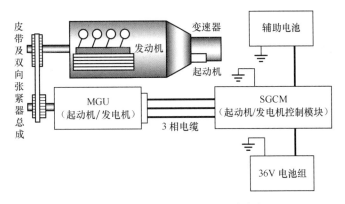

图 2-35　君越 BAS 混合动力系统结构

　　君越 ECO Hybrid 仍然有传统的发电机和起动机，只不过发电机也可作电机用，起动发动机的任务主要依靠传统起动机来完成。

　　为了减小在智能停机模式下，频繁起动和熄火对发动机的损伤，BAS 混合动力系统设置了皮带驱动器及其张紧器。张紧器的作用是双向的，可以在发动机驱动和起动机/发电机驱动时对驱动皮带起到张紧的作用。

　　在 BAS 系统中也设计有在刚起动时的加浓辅助喷油量的软件程序，对比传统的燃油喷射系统，君越 ECO Hybrid 的 BAS 混合动力系统约可节油 15%以上，尾气排放量更低。

　　SGCM 辅助冷却泵安装在自动变速器机体上，由 SGCM 模块进行驱动，保证发动机停机时 SGMC 仍然可以进行冷却。

　　君越 ECO Hybrid 使用的是镍氢动力电池组，在电池组上有通风装置和一个电池组分离控制模块（见图 2-36），对人体不会有危险影响。动力电池组由 3 块 12 V 电池串联而成，36 V 正极输出线路上有一个接触开关，由动力电池组分离控制模块控制。3 块电池上各有一个电压传感器，电压传感器监测每一块 12 V 电池的电压变化，信号提供给电池组分离控制模块，用以监测每一块电池的工作状态及电压变化情况。辅助电池可由 MGU 或由动力电池组充电，充电情况受 SGCM 管理。

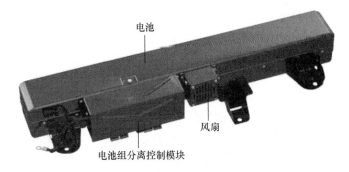

图 2-36　电池组分离控制模块

动力电池冷却风扇给电池组持续冷却，电池组分离控制模块通过脉宽调制信号控制风扇的转速。

君越 ECO Hybrid 油电混合动力汽车使用的是 4 速自动变速器。这款变速器是专为君越油电混合动力汽车开发的，搭配 ECO 智能发动机，能很好地适应混合动力系统的特性，做到智能停机。除此之外，它还具有限挡功能，以帮助车辆在爬坡等需要大转矩输出的路况下，顺利起步，提高主动行驶安全性。当挡位进入 M 挡时，仪表板上就会出现"D、3、2、1"的挡位显示，用户可以根据路况选择不同的挡位范围。需要特别指出的是，一旦挡位离开 D 挡，车辆将无法实现智能停机，因此建议在一般道路行驶时使用 D 挡，使车辆更加省油，更加环保。

自动变速器辅助油泵电机控制模块安装在 SGC 上，其内部有油泵驱动器。SGCM 与该模块进行通信，控制辅助油泵的工作。此自动变速器基本结构与传统车型自动变速器相同，因为要满足混合动力系统的"Auto Stop"模式的恢复运行，特增加一个辅助油泵，以确保前进离合器的压力，使内部元件在停机时仍与差速器/车轮保持接合，以使在发动机智能起动后的行驶动作基本无迟滞。

2．典型工作模式

（1）起动模式

君越 ECO Hybrid 的仪表板和仪表指示灯如图 2-37 所示。

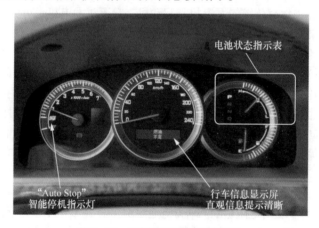

图 2-37　仪表板和仪表指示灯显示

发动机转速表指针停留在 Auto Stop 和 OFF 位置时，起动发动机的形式不同。Auto Stop 位置表示车辆已经进入自动停止模式并等待发动机重新起动的状态，如图 2-38 所示；OFF 位置表示发动机已经正常关闭，驾驶人需要通过点火钥匙重新起动发动机。

（2）坡路起步模式

因为在制动踏板松开后到发动机重新起动之间有一个时间上的延迟，所以与传统车辆相比，混合动力车辆在发动机熄火后进行重新起动的过程中更容易产生溜车的现象。君越 ECO Hybrid 采用了带坡道起步阀（Hill Hold Valve，HHV）的制动系统，如图 2-39 所示，SGCM 对 HHV 电磁阀进行 PWM 控制。在车辆从自动停止到发动机重新起动的过程中，SGCM 控制坡道保持阀打开的速率，以缓慢降低制动压力的释放，这样可以避免车辆起步前溜车的危险和车辆起步后制动拖滞的发生。在坡道保持阀总成内有两个电磁阀，主要控制两个驱动轮（前轮）压力。

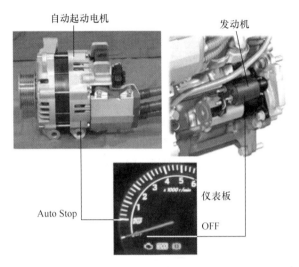

图 2-38　Auto Stop 智能起停和 OFF 发动机起动

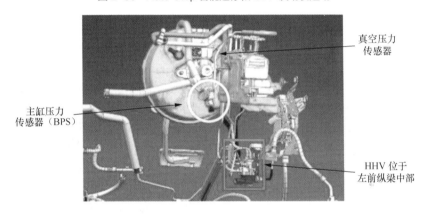

图 2-39　采用坡路起步阀的制动系统

（3）空调模式

空调有 3 个模式：OFF、ECO 和 Normal（A/C）。

OFF：空调关闭，允许智能停机；ECO：即经济模式，空调运行，允许智能停机；Normal：空调运行，不允许智能停机。

如图 2-40 所示，按下"eco"键，即可进入 ECO 经济模式，当车辆处于怠速停机时，空调压缩机停止运转，空调依靠系统内残留的制冷剂工作。但当车外温度很高时，发动机会保持运转来带动空调压缩机以保证车内制冷，即此时不会智能停机。当使用风窗玻璃除霜/除雾功能时，空调将自动切换至 A/C 模式，此时，将不能智能停机。

图 2-40　空调模式

当发动机处在自动停止模式下时，由于冷却液无法进行循环，车内的空调加热器无法进行热量交换。为了提供如同一般发动机车型怠速时空调制热的功能，在混合动力车辆上安装了一个电动的空调加热器水泵，该水泵在发动机进入自动停止模式时，根据需要由 SGCM 控制运转或停机。

（4）Auto Stop 模式

智能停机指发动机不供油，但起动机/发电机待命。如图 2-41 所示，智能停机时，转速表指示为 Auto Stop 位置（发动机转速为零），车速表指示为零，挡位指示器指示为 D 挡。

踩下制动踏板至车辆停止，发动机自动停转；松开制动踏板瞬间，发动机自行起动并恢复至怠速状态。

发动机自动停止工作后 SGCM 将动力电池电源转换成 12 V 的电源，用来给辅助电池充电及供给车内其他用电器和负载使用；如果电池的充电能力太低，发动机将自动重新起动。

空调加热器冷水泵使冷却液循环；SGCM 冷却泵工作，确保足够的冷却液流过 SGCM；自动变速器辅助油泵工作，保持工作压力，确保发动机和变速器的连接；坡路保持阀关闭，保证制动管路中的制动液压力，减少车轮滚动的趋势。

图 2-41 智能停机（Auto Stop）

实现智能停机的主要条件：在 D 挡，空调在 OFF 或 ECO 模式下，电池电量（SOC）指示表高于 L，踩紧制动踏板，第一次智能停机之前，最高车速要大于 20 km/h。如果不满足智能停机条件，发动机将正常怠速。如果智能怠速停机时间较长，达到了标定的最长停机时间（2 min），发动机也会自动起动，以保持动力电池电量。

自动停止模式启用条件一：车辆速度超过 6.4 km/h（初始）；环境温度高于–15℃；动力电池温度在 10～50℃；变速器储油槽温度在 25～110℃；发动机冷却液温度在 60～121℃（环境温度低于 12℃）；发动机冷却液温度在 82～121℃（环境温度高于 12℃）；挡位在 D 位置。

自动停止模式启用条件二：空调系统压缩机系统请求发动机打开为 False（不成立）；足够的制动真空；充电状态大于自动停止要求（70%）；动力电池放电电源容量大于自动起动要求的最小值（6.2 kW）；可接受的辅助电池状态（电压、电流、温度）；车轮滑移（防抱死制动系统或牵引力控制）未起动；燃油箱蒸发系统（EVAP）没有运行轻微泄漏测试；发动机舱盖关闭。

自动停止后重新起动：制动踏板松开后，车辆开始进入重新起动/加速模式，发动机重新起动。在 30 s～2 min 之内，起动机/发电机自动起动发动机，这要视电池组的充电状态和车辆附件的用电情况而定。空调在 ECO 工作状态下，系统会在自动停止模式启用后 30～120 s 内重新起动发动机。车辆在重新起动开始加速时，坡路保持阀打开。自动变速器辅助油泵由混合动力辅助油泵驱动器通过 PWM 进行控制。

君越 ECO Hybrid 油电混合动力汽车的仪表板上没有水温表，如果发动机过热，将和原君越发动机汽车一样，在仪表板上发动机冷却液温度警告灯点亮。

（5）减速模式

当加速踏板被释放后，燃油供应停止，车辆进入减速断油状态。在车辆滑行减速期间，变矩离合器会尽早地锁止，车辆从发动机推动（燃油消耗）到能量再生（制动发电）的过程中，转矩的变化比较平稳。车辆在再生制动状态，当车速接近 0 km/h 时，如果驾驶人想要快速起动发动机，混合动力电池组将作为电源带动起动机/发电机通过驱动皮带使发动机转动，燃油系统重新启用。当车速降低时（未踩加速踏板，车辆靠惯性滑行时；或在车辆制动时），燃油供应自动切断，同时，部分能量回收。当车辆降低至一定车速或再次踏下加速踏板时，发动机将自动起动，恢复至正常燃油状态。

（6）ECO 模式

车辆在 ECO 模式下工作的提示是 ECO 指示灯点亮。

当车辆的燃油消耗量小于 4L/100 km 后，ECO 指示灯会点亮；在车辆进入自动停止模式后，因为发动机停止工作，没有了燃油的消耗，所以 ECO 指示灯亮起；车辆滑行进入再生制动模式时，该指示灯点亮。

（7）智能充电模式

充电指示表上标有一个电池的符号及 Hybrid 文字标志，表示 36 V 动力电池组的电压状态。当动力电池组处在充电的状态时（电压较高），指针偏向"H"方向。当电池组处在耗电状态时（电压较低，如加速助力时），指针偏向"L"方向。

如图 2-42 所示，当电池充电时，电池荷电状态（SOC）指示表指针从 L 向 H 慢慢移动，SGCM 控制智能充电，动力电池会在能量回收和智能充电这两种情况下自动充电。一般的城市驾驶，只要有小段的行驶距离（约 100 m）就可以提供充电的机会来维持持续的智能充电。建议在路况好的情况下，尽量多地使用自动巡行，匀速行驶将使车辆更加省油。

（8）转向助力模式

君越混合动力汽车采用电动液压助力转向系统（EHPS），有故障时仪表故障灯点亮，如图 2-43 所示。

图 2-42 电池荷电状态（SOC）指示表

图 2-43 EHPS 故障指示灯

三、ISG 混合动力系统

配备 ISG 混合动力系统的车辆主要功能有怠速起停、再生制动、辅助驱动、发电功能等。HCU（混合动力控制单元）会根据驾驶人请求（加速踏板踩下深度）、动力电池的 SOC、电驱动系统状态（停车、行车）以及整车状态等控制 ISG 电机的工作模式，自动实现以上功能。

以下以奔驰 400 型混合动力汽车为例加以说明。

奔驰 400 型混合动力汽车是 ISG 混合动力的典型代表，其主要零部件如图 2-44 所示。其典型的配置为高压电池模块、电机功率模块、电动助力系统、DC/DC 转换模块等。功率控制器（如电机控制器）和 DC/DC 转换器采用了双电动冷却循环泵的设计；制动系统采用了电控电动真空泵、真空助力器；ABS 控制单元配合电机实现再生制动；空调采用电控电动压缩机。

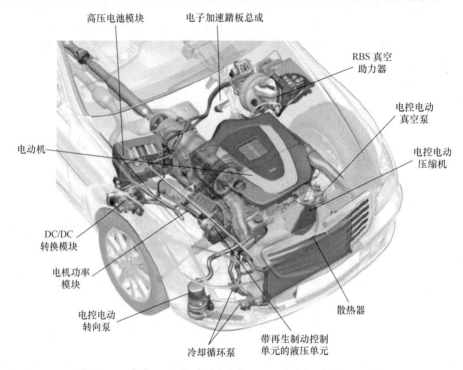

图 2-44　奔驰 400 型混合动力汽车 ISG 混合动力系统主要零部件

奔驰 400 型混合动力汽车动力系统结构如图 2-45 所示，由发动机、电机、自动变速器、动力电池、功率控制模块、12 V 交流发电机、DC/DC 转换器等组成。

奔驰 400 型混合动力汽车电机采用外转子永磁直流电机，采用原车液力自动变速器，为防止变速器内离合器油压过低，在原液力自动变速器基础上增加了电动 ATF 油泵（附加电动油泵）。

混合动力管理系统负责协调各子系统部件之间协调工作。该管理系统集成于 ECU 中，通过 CAN 总线与自动变速器、动力电池和动力电子设备等系统单元进行通信。其中，动力电子设备负责管理电机与动力电池之间的能量流动，除了控制电机的脉冲逆变器之外，还包括一个直流变压器，可将发电机或动力电池传来的电流转换为 12 V 直流电，从而支持车辆电气系统工作。混合动力管理系统可以根据动力电池的充电状态、车速和其他的具体参数，瞬间完成自动分析并选择理想的操作策略。而这种操作策略是传动系统控制软件的关键成分，能够连接各个系统，优化动力电池电能的使用，以达到效率的最大化，从而消除发动机拖拽所产生的阻力。在高速稳定行驶状态下（最高车速 160 km/h），当驾驶人松开加速踏板后，发动机也会在离合装置的控制下与自动变速器完全脱离，避免不必要的摩擦损耗，提高车辆滑行距离，进而降低油耗。

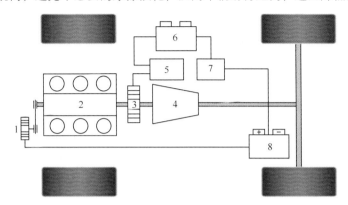

图 2-45　奔驰 400 型混合动力汽车的系统结构

1—12 V 交流发电机；2—发动机；3—电机；4—变速器；5—功率控制模块；

6—动力电池；7—DC/DC 转换器；8—辅助电池

Item

3

项目三
其他新能源汽车

学习任务 3-1　燃料电池汽车

【任务引入】

燃料电池汽车（FCV）是一种用车载燃料电池装置产生的电力作为动力的汽车。车载燃料电池装置所使用的燃料为高纯度氢气或含氢燃料经重整所得到的高含氢重整气。与通常的电动汽车比较，其动力方面的不同在于燃料电池汽车用的电力来自车载燃料电池装置，电动汽车所用的电力来自由电网充电的动力电池。因此，燃料电池汽车的关键是燃料电池。

本学习任务主要介绍燃料电池的结构原理、燃料电池发电系统组成及工作原理和车载氢气系统安全措施。

【学习目标】

1. 能够简单描述燃料电池汽车的发展历史。
2. 能够正确描述燃料电池的基本结构原理、特点及应用于汽车的燃料电池种类。
3. 能够正确描述质子交换膜燃料电池的组成、各组成部分的作用及基本工作原理。
4. 能够正确描述燃料电池组的组成及各组成部分的作用。
5. 能够正确描述以氢气为燃料的燃料电池发电系统和以甲醇为燃料的燃料电池发电系统的组成及各组成部分的功能。
6. 能够正确描述燃料电池汽车采用的电源复合结构种类及各类型电源复合结构的特点。
7. 能够正确描述燃料电池汽车混合动力系统的类型及各类型系统的特点。
8. 能够正确描述车载氢气系统的安全装置种类及各类型安全装置的作用。
9. 能够简单说明几款典型燃料电池汽车的特点。

【相关知识学习】

一、燃料电池汽车发展简史

1. 国外燃料电池汽车发展简史

燃料电池技术的基本原理在 19 世纪末就已被科学家发现了，而其被应用于车辆之上则是在

20 世纪 60 年代末。

20 世纪 90 年代初，质子交换膜燃料电池在实用化方面取得长足进步。采用铂金属作为催化剂的质子交换膜燃料电池具有发电效率高、输出功率密度高（高达 0.5～1.5 W/cm^2）、寿命长、噪声低、可室温起动等诸多优点，为该技术应用到汽车上铺平了道路。

戴姆勒-奔驰汽车公司于 1994 年推出了燃料电池汽车 Necar1，这款车型是基于奔驰 MB100 车型改造而来。由于车内安装了大量的实验用设备，所以还不能称之为真正的燃料电池汽车。

此后，丰田、本田、通用等汽车厂商用于展示其技术实力的燃料电池汽车产品如雨后春笋般涌现。2014 年 6 月 10 日，量产型的现代 Tucson FCV 正式进入美国加利福尼亚州市场，于 2017 年 5 月份在英国上市。所以专家们将 2014 年定为燃料电池汽车的元年。

对于燃料电池的自主研发，丰田比戴姆勒-奔驰开始得更早。丰田在 1992 年就开始对燃料电池进行研究，这个研究项目几乎是与丰田普锐斯混合动力汽车项目同时展开的。经过 6 年多的量产化过程，丰田 Mirai 于 2014 年 12 月 15 日在日本本土正式上市。相比现代 Tucson FCV，丰田 Mirai 在动力性能和续驶里程上都有一定的优势。两车的动力系统输出功率已达到甚至超越 1.8 L 自然吸气汽油发动机的水平，加上超过 400 km 的续驶里程，使两车具备了较好的实用性。

随后丰田向全球免费开放有关燃料电池技术的 5680 项专利技术，其中丰田 Mirai 所采用的 1970 项关键技术，涵盖燃料电池、高压氢罐以及相关软件系统等。这一举措，大力推动了燃料电池汽车在全球范围内的快速发展，如马自达、宝马等企业先后与丰田合作研发燃料电池汽车。日产、戴姆勒、福特 3 家企业强强联合，拟开发出燃料电池动力系统的标准化部件，降低各自开发燃料电池汽车的成本。这种强强联合的格局以及团队之间的竞争也将加速燃料电池汽车的量产化和普及化进程。

韩国也在 2006 年推出自主研发的第一代电堆，组装 30 台 SUV 和 4 辆大客车，进行示范运行。2009 年至 2012 年开发第二代电堆，装配 100 台 SUV。2013 年开始生产车型为 is35 的千辆级燃料电池 SUV 生产。2015 年推出第三代燃料电池 SUV 和客车。

2016 年底，丰田在日本建立 100 座氢燃料充注站。

2017 年，奔驰推出世界首款插电式燃料电池技术的量产车 GLCF Cell EQ Power，其续驶里程达 483km。

其实，研究燃料电池汽车的整车厂商远不止上面提到的几家，但凡有一定实力的厂商都在燃料电池领域有所涉猎。所不同的是，并不是所有厂商都能把研发成果推广至量产产品上。

燃料电池汽车零排放无污染，可以说是环保汽车的终极形态。但是在现阶段，燃料电池汽车所用的燃料（氢气）的大规模环保制备技术并未十分成熟。传统的制氢工艺是通过电解水来获得氢气的，如果用于电解水的电能来自于烧煤发电，便存在碳排放，燃料电池汽车便失去了其存在的意义。

除此以外，基础设施建设也是制约燃料电池汽车发展的障碍。没有人会买一台没地方添加燃料的汽车。所以基础设施建设及氢气制备技术这两方面对燃料电池汽车的普及有着至关重要的影响。

2. 我国燃料电池汽车发展历史

在 20 世纪末，上海神力科技有限公司和大连新源动力股份有限公司承担了国家"九五"重点 863 科技攻关计划的"质子交换膜燃料电池动力系统"的研制，并取得多项专利技术，并为同济大学和清华大学研制的燃料电池汽车配套燃料电池动力系统。

2003 年和 2004 年，同济大学和上海神力科技有限公司合作开发两款燃料电池汽车，即超越一号和超越二号。超越一号是基于上海大众桑塔纳 2000 时代骄子车型改造而来；超越二号是基于桑塔纳 3000 车型改造而来的，最高车速在 118 km/h，续驶里程可达 168 km。

福田汽车和清华大学共同研发的燃料电池客车曾在 2008 年作为"奥运节能与新能源示范车"用于接载来自全世界的运动员。该车最高车速达 80 km/h，续驶里程可达 200 km。

2006 年，新一代燃料电池轿车动力系统技术平台研制成功，并应用于 Passat 领驭等车型。Passat 领驭燃料电池汽车曾服务 2008 年北京奥运会，最高车速达 150 km/h，续驶里程可达 300 km，百公里加速时间为 15 s。

2014 年北京车展上，荣威 950 插电式氢燃料电池轿车正式发布，该车续驶里程可达 400 km。

总体来看，我国的燃料电池汽车研发开展得较早，部分车企与高校合作也做出了一些展示车，其中包括轿车和客车，但最终形成量产产品的车型并不多。大多数展示车只作为大型会议的宾客接送车之用，普及程度相当低。这与国内基础设施和政策取向有重要关系。

二、燃料电池

1. 概述

（1）燃料电池工作原理

简单地说，燃料电池（Fuel Cell）是一种将存在于燃料与氧化剂中的化学能直接转换为电能的发电装置。它从外表上看有阴、阳极和电解质等，像一个蓄电池，但实质上它不能储电只可发电。

单元燃料电池由阳极、阴极、电解质、隔膜和附件构成，其发电原理如图 3-1 所示。燃料在阳极氧化，氧化剂在阴极还原。如果在阳极上连续供应气态燃料，而在阴极上连续供给氧气（或空气），就可以在电极上连续发生电化学反应，并产生电动势，如果接入负载，就会有电流产生。燃料电池与其他电池的发电机理不同，它的燃料和氧化剂不是储存在电池内，而是储存在电池外部的储罐内。它工作时需要连续地向电池内输入燃料和氧化剂，并同时排出反应生成物。

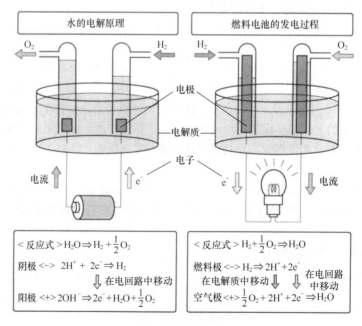

图 3-1 燃料电池发电原理

　　燃料电池阳极的作用是为燃料和电解液提供公共界面，并对燃料的氧化反应产生催化作用，把反应中产生的电子传输到外电路或者先传输到集流板后再向外电路传输。燃料电池阴极的作用是为氧气和电解液提供公共界面，对氧气的还原反应产生催化作用，从外电路向氧电极的反应部位传输电子。由于电极上发生的反应为多相界面反应，电极一般采用多孔材料并涂有贵重金属铂作催化剂。电解质的作用是输送燃料电极和氧电极在电极反应中所产生的离子，并能阻止电极间直接传递电子。隔膜的作用是传导离子，分隔氧化剂与还原剂。隔膜必须是抗电解质腐蚀和绝缘的物质，并且有良好的湿润性。

　　燃料电池的输出电压是阴、阳极的电势差。当外电路电流 $I = 0$ 时，称为开路电压；当 $I \neq 0$ 时，称为端电压。端电压低于开路电压的现象称为极化。电池输出电流时阳极电位的损失称为阳极极化，阴极电位的损失称为阴极极化。一个电池的极化包括阴极极化、阳极极化和欧姆极化（电池内阻造成的电压降）3 部分。

　　（2）燃料电池的特点

　　燃料电池十分复杂，涉及化学热力学、电化学、电催化、材料科学、电力系统及自动控制等学科的有关理论。总的来说，燃料电池具有以下特点。

　　① 能量转换效率高。它直接将燃料的化学能转换为电能，中间不经过燃烧过程。目前燃料电池系统的燃料–电能的转换效率为 45% ~ 60%，而火力发电和核发电的效率为 30% ~ 40%。

　　② 对环境污染小。有害气体 SO_x、NO_x 及噪声排放都很低，CO_2 排放因能量转换效率高而大幅度降低，无机械振动。

　　③ 燃料适用范围广。除氢气外，甲醇等一些含氧燃料均适用于燃料电池。

　　④ 使用方便。安装地点灵活，燃料电池电站占地面积小，建设周期短，电站功率可根据需要由电池堆组装，十分方便。

　　⑤ 负荷响应快，运行质量高。燃料电池在数秒内就可以从最低功率变换到额定功率，非常适合作汽车动力。

　　（3）燃料电池的种类

　　燃料电池种类繁多，常见的分类方法是按参与反应的燃料制取方式，按此种分类方法，燃料电池可分为直接式、间接式和再生式 3 种。

　　直接式燃料电池的燃料（如氢和甲醇）直接与氧化剂作用；间接式燃料电池的燃料不是直接用氢或甲醇，而是通过某种方法把某种富氢化合物转变成氢后再供给电池；再生式燃料电池是把燃料电池反应生成的水通过某种方法分解为氢和氧，再使氢重新进行反应。

　　直接式燃料电池按工作温度的高低可分为高、中、低 3 类。工作温度在 750℃ 以上的为高温燃料电池；工作温度在 200 ~ 750℃ 的为中温燃料电池；工作温度低于 200℃ 的为低温燃料电池。也有按工作温度分为 4 类的，即 25 ~ 100℃、100 ~ 300℃、500 ~ 1000℃、1000℃ 以上。

　　燃料电池按照电解质类型的不同可分为：碱性燃料电池（AFC）、固态聚合物燃料电池（ESPFC，又称"质子交换膜燃料电池（PEMFC）"）、磷酸盐燃料电池（PAFC）、熔融碳酸盐燃料电池（MCFC）、固体氧化物燃料电池（SOFC）等。各类型燃料电池的特点及应用情况见表 3-1。

表 3-1　各类型燃料电池的特点及应用情况

类型	简称	电解质	燃料	氧化剂	应用
碱性燃料电池	AFC	氢氧化钾溶液	氢气	氧气	航天设备等
质子交换膜燃料电池	PEMFC	质子交换膜	氢气	空气	汽车等

（续表）

类型	简称	电解质	燃料	氧化剂	应用
磷酸盐燃料电池	PAFC	磷酸	天然气、氢气	空气	发电厂等
熔融碳酸盐燃料电池	MCFC	碳酸钾	天然气、石油气	空气	发电厂等
固体氧化物燃料电池	SOFC	固体氧化物	天然气	空气	发电厂、汽车等

从表 3-1 可见，应用于汽车的燃料电池有质子交换膜燃料电池和固体氧化物燃料电池。质子交换膜燃料电池由于具有工作温度低、功率密度大、起动快、使用寿命长、结构简单等特点，因此得到迅速发展。

2. 质子交换膜燃料电池

质子交换膜燃料电池是指以质子交换膜作电解质和隔离材料的燃料电池。质子交换膜燃料电池的工作温度低于 100℃，是电动汽车的理想动力电源。

质子交换膜燃料电池是最早被用于空间飞行试验的燃料电池。早期的质子交换膜燃料电池的发展一直受到昂贵的、必需的结构材料和含量高的铂催化剂的困扰，研究困难。后来在加拿大巴拉德（Ballard）公司的带动下，克莱斯勒、福特、通用、本田、丰田、尼桑、大众和富豪等汽车公司都投入了巨资进行此类燃料电池的研究。

（1）质子交换膜燃料电池的组成

质子交换膜燃料电池由燃料极（阳极）、空气极（阴极）、电解质膜（质子交换膜）及隔板等组成，如图 3-2 所示。燃料是氢，氧化剂为氧。质子交换膜的作用是双重的，作为电解质，为氢离子提供通道；作为隔离膜，隔离两极反应气体。质子交换膜脱水将会使氢离子形成水合物比较困难，燃料电池的电阻增加；水分过多则会淹没电极。这两种情况都将导致电池性能下降，因此优化质子交换膜的质子传输性能及适当的水管理是保证电池性能的关键。

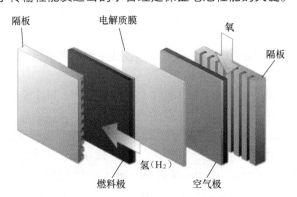

图 3-2　质子交换膜电池的结构示意图

（2）质子交换膜燃料电池的工作原理

如图 3-3 所示，氢气通过管道或导气板到达阳极，在阳极催化剂的催化作用下，氢分子离解为带正电的氢离子并释放出带负电的电子。氢离子以水合物 H_3O^+ 的形式穿过电解质（隔膜）到达阴极，电子则通过外电路到达阳极，电子在外电路形成电流。

氧气通过管道或导气板到达阴极，在阴极催化剂的催化作用下，氧与氢离子及电子发生反应生成水。

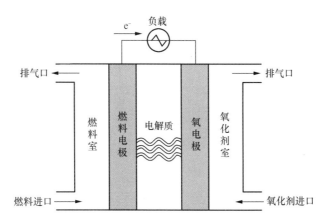

图 3-3 质子交换膜燃料电池的工作原理

在质子交换膜燃料电池里，固态酸电解质被水饱和，其中含有游离 H^+，因此能完成氢离子从阳极转移至阴极的任务，但电子是不能穿越电解质膜的。H^+ 也叫质子，因而有"聚合物质子交换膜（PEM）"这个名称。

单体燃料电池电压只有 0.7 V 左右，为了获得足够高的工作电压，需将多个单体燃料电池串联在一起，形成燃料电池组（简称电池堆或电堆）。图 3-4 所示的燃料电池堆即可以产生兆瓦级电能。

图 3-4 典型燃料电池堆

（3）燃料电池系统

燃料电池系统主要由燃料电池堆，氢气、氧气供给装置，增湿器及去离子水供给装置，冷却装置，尾气及生成物排放装置组成。图 3-5 是一个燃料电池堆试验装置示意图，其中，氢气由高压气瓶提供，氧气（空气）由鼓风机提供，氢气和氧气经减压再通过增湿器增湿之后，分别进入电池组的阳极和阴极进行反应发电。反应物随着尾气排出，水收集后排放，电池温度通过循环水量来调节。

电池堆的性能取决于单体电池的性能，电池堆的输出电压为组成电池堆的各单体燃料电池电压之和，电池堆的寿命取决于先损坏的单体电池的寿命。因此，全部单体电池性能的均匀性对电池堆影响很大，应设置检测装置在线检测各单体电池的输出电压，保证电池性能完好。

低温质子交换膜燃料电池根据输入空气的压力分为常压型和增压型两种类型。类似发动机系统通过采用排气涡轮增压来提高发动机的功率密度一样，燃料电池系统也可通过提高反应气体压力的方法来增加它的功率密度。这种燃料电池系统称为增压式燃料电池系统。而反应气体的压力大约为 1 个大气压（101.325 kPa）的燃料电池系统称为常压式燃料电池系统。

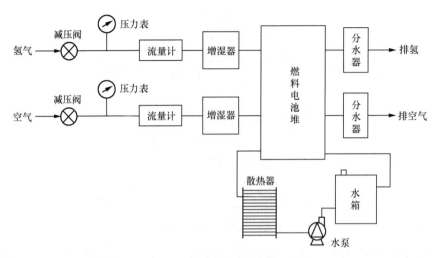

图 3-5　燃料电池堆试验装置示意图

三、燃料电池发电系统结构原理

　　单独的燃料电池堆是不能发电并用于汽车的，它必须和燃料供给与循环系统、氧化剂供给系统、水/热管理系统及一个能使上述各系统协调工作的控制系统组成燃料电池发电系统，简称燃料电池系统，如图 3-6 所示。

　　燃料电池系统的运作一般采用计算机进行控制，根据燃料电池汽车（FCEV）的运行工况，通过 CAN 总线系统进行信息传递和反馈，并经过计算机的处理，以保证燃料电池正常运行。

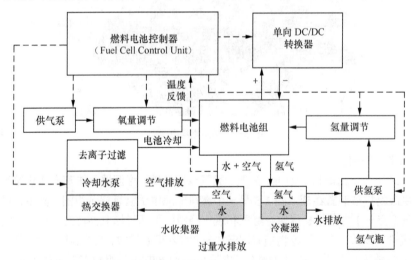

图 3-6　燃料电池系统示意图

　　燃料电池控制器根据车辆所需的电功率控制燃料电池的燃料调节、电池的温度调节（冷却）、湿度调节从而控制发电功率，燃料电池发电后经单向 DC/DC 转换器输出。

　　FCEV 是以燃料电池为主要电源和以电机驱动为唯一驱动模式的电动汽车。目前，因受到燃料电池低温起动较慢和燃料电池不能用充电来储存电能的限制，在 FCEV 上还需要增加辅助电源来供应加速 FCEV 起动所需的电能和储存车辆制动反馈的能量。FCEV 上的关键装备为 DC/DC

转换器、驱动电机及传动系统、蓄电池等。

1．以氢气为燃料的燃料电池系统

以氢气为燃料的燃料电池系统包括氢气供应、管理和回收系统，氧气供应和管理系统，水循环系统，电力管理系统等，如图 3-7 所示。

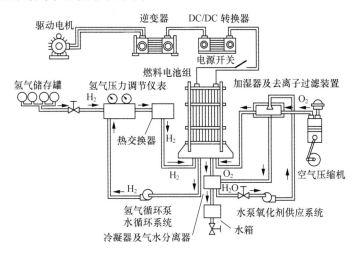

图 3-7　以氢气为燃料的燃料电池系统

（1）氢气供应、管理和回收系统

气态氢的储存装置通常采用高压储气瓶，对高压储气瓶的品质要求很高，为保证燃料电池汽车一次充气有足够的续驶里程，就需要多个高压储气瓶来储存气态氢气。一般轿车需要 2～4 个高压储气瓶，大客车需要 5～10 个高压储气瓶。液态氢气虽然比能量高于气态氢，但由于液态氢气处于高压状态，不但需要用高压储气瓶储存，还要用低温保温装置来保持低温，低温的保温装置是一套复杂的系统。

在使用不同压力的氢气（高压气态氢气和高压低温液态氢气）时，就需要用不同的氢气储存容器，不同的减压阀、调压阀、安全阀、压力表、流量表、热量交换器和传感器等来进行控制，并对各种管道、阀和仪表等的接头采取严格的防泄漏措施。从燃料电池中排出的水，含有未发生反应的少量的氢气。正常情况下，从燃料电池排出的少量的氢气的含量应低于 1%，应用氢气循环泵将这少量的氢气回收。

（2）氧气供应和管理系统

氧气的来源有从空气中获取氧气或从氧气罐中获取氧气两种。空气需要用压缩机来提高压力，以增加燃料电池反应的速度。在燃料电池系统中，配套压缩机的性能有特定的要求，压缩机质量和体积会增加燃料电池发电机系统的质量、体积和成本，压缩机所消耗的功率会使燃料电池的效率降低。空气供应系统的各种阀、压力表、流量表等的接头要采取防泄漏措施。在空气供应系统中还要对空气进行加湿处理，保证空气有一定的湿度。

（3）水循环系统

燃料电池发电系统在反应过程中将产生水和热量，在水循环系统中用冷凝器、气水分离器和水泵等对反应生成的水和热量进行处理，其中一部分水可以用于空气的加湿。另外还需要装置一套冷却系统，以保证燃料电池的正常运作。

燃料电池的工作温度一般在 60～100℃（燃料电池组的出口温度约为 80℃），其散热方式有电池组本体外部冷却、冷却介质通过电池组内部管道进行循环、电极气体通过外部冷却器进行循环、电解液通过外部冷却器循环等方法。电机和控制器的允许冷却液温度为 55～60℃，这和燃料电池的最佳工作温度相差较大，所以不能将电机、电机控制器和燃料电池的冷却系统串联，须设有专门的冷却装置。燃料电池汽车一般采用高、低温两套冷却循环回路：一套为高温回路，采用燃料电池串联汽车空调的加热器和散热器，加热器在冬季用来为暖风供热，散热器用来冷却电池组；另一套为低温回路，用来冷却电机及其控制器。燃料电池的冷却介质为去离子水，这是由燃料电池本身决定的，因此要有去离子装置。由于冷却液温度在 100℃以下，与外界的温差小，导致燃料电池汽车用的散热器体积较大。

（4）电力管理系统

燃料电池所产生的是直流电，需要经过 DC/DC 转换器进行调压，在采用交流电机的驱动系统中，还需要用逆变器将直流电转换为三相交流电。以氢气为燃料的燃料电池发电系统的各种外围装置的体积和质量占燃料电池发电系统总体积和质量的 1/3～1/2。

2. 以甲醇为燃料的燃料电池系统

在以甲醇为燃料的燃料电池系统中，用甲醇供应系统代替了上述的氢气供应系统。包括甲醇储存装置，甲醇供应系统的泵、管道、阀门、加热器及控制装置等。

（1）甲醇储存装置

甲醇可以用普通容器储存，不需要加压或冷藏，可以部分利用燃油发动机汽车的供应系统，有利于降低 FCEV 的使用费用。

（2）燃烧器、加热器和蒸发器

甲醇进入改质器之前，要用加热器加热甲醇和纯水的混合物，使甲醇和纯水的混合物一起受高温（621℃）热量的作用，蒸发成甲醇和纯水的混合气，然后进入改质器。

（3）改质器

改质器是将甲醇用改质技术转化为氢气的关键设备。不同的碳氢化合物采用不同的改质技术，改质过程中的温度、压力会有所不同，例如：甲醇用水蒸气改质法的温度为 621℃；用部分氧化改质法的温度为 985℃；用废气改质法的第一阶段温度为 985℃，第二阶段温度为 250℃。FCEV 在用甲醇经过改质产生的氢气作燃料时，就需要对各种改质方法进行分析，选择最佳改质技术和最适合 FCEV 配套的改质器。

（4）氢气净化器

改质器所产生的氢气因为含有少量的 CO，因此必须对氢进行净化处理。净化器中用催化剂来控制，使氢气中所含的 CO 被氧化成二氧化碳后排出，最终进入燃料电池的氢气中的 CO 的含量不超过 10^{-5}。甲醇经过改质后所获得的氢气作为燃料时，燃料电池的效率为 40%～42%。

以甲醇为燃料的燃料电池系统中的氧气供应、管理系统，反应生成的水、热量的处理系统和电力管理系统与以氢气为燃料的燃料电池系统基本相同。

3. 燃料电池汽车电源复合结构

纯燃料电池汽车只有燃料电池一个能量源。这种结构中燃料电池的额定功率大，成本高，对冷起动时间、耐起动循环次数、负荷变化的响应等提出了很高的要求。

为了提高燃料电池汽车的性能，采用了以下两种电源复合结构。

（1）燃料电池+动力电池（FC＋B）结构

如图 3-8 所示，FC＋B 结构中，有燃料电池和动力电池组（或超级电容）两个动力源。通常燃料电池系统输出车辆常规速度行驶时所需的平均功率，而动力电池用来提供峰值功率以补充车辆在加速或爬坡时燃料电池输出功率能力的不足。这样动力系统的动力性增强，运行状态比较稳定，因而它的总体运行效率得到提高。

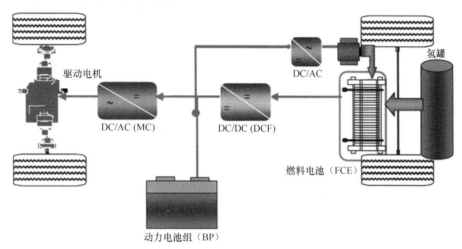

图 3-8 燃料电池+动力电池式复合电源

（2）燃料电池+动力电池+超级电容（FC + B + C）结构

现代 FCEV 上采用了燃料电池+动力电池+超级电容器的混合电源，超级电容器具有大电流的充电和放电特性，恰好弥补了动力电池的不足，可以避免在回收制动反馈的能量时，电流过大造成的动力电池的热失控和发生安全事故。

4. 燃料电池汽车混合动力系统

燃料电池汽车混合动力系统有单向 DC/DC 燃料电池混合动力系统和单、双向两 DC/DC 燃料电池混合动力系统两种。

（1）单向 DC/DC 燃料电池混合动力系统

这种系统通常在燃料电池和电机控制器之间安装一个单向 DC/DC 转换器，燃料电池的端电压通过 DC/DC 转换器的升压或降压来与系统直流母线的电压等级进行匹配。尽管系统直流母线的电压与燃料电池功率输出能力之间不再有耦合关系，但 DC/DC 转换器必须将系统直流母线的电压维持在最适合电机系统工作的电压点（或范围）。单向 DC/DC 燃料电池混合动力系统也称为能量混合型，如图 3-9 所示，由于动力电池组在使用中电压下降，这时能量主要由燃料电池来维持。

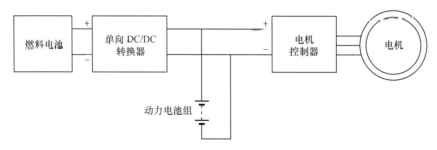

图 3-9 能量混合型动力系统

（2）单、双向两 DC/DC 燃料电池混合动力系统

该类型系统结构中采用的电力电子装置只有电机控制器，燃料电池和辅助动力装置（小容量动力电池组或超级电容）都直接并接在电机控制器的入口，也称功率混合型，如图 3-10 所示。

辅助动力装置扩充了动力系统总的能量容量，增加了车辆一次加氢后的续驶里程；扩大了系统的功率范围，减轻了燃料电池承担的功率负荷。许多插电式混合的燃料电池汽车也经常采用这样的装置，这种插电式燃料电池混合动力汽车将有效地减少氢燃料的消耗。另外，辅助动力装置的存在使得系统具备了回收制动能量的能力，并且增加了系统运行的可靠性。

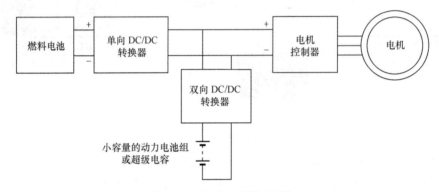

图 3-10　功率混合型动力系统

在系统设计中，在辅助动力装置和动力系统直流母线之间添加了一个双向 DC/DC 转换器，使得对辅助动力装置充放电的控制更加灵活、易于实现。由于双向 DC/DC 转换器可以较好地控制辅助动力装置的电压或电流，因此它还是系统控制策略的执行部件。燃料电池和辅助动力装置之间对负载功率的合理分配还可以提高燃料电池的总体运行效率，双向 DC/DC 转换器工作可使电机的工作电压维持在高压，提高电机的效率。

四、车载氢气系统安全措施

1. 对车载氢气系统的要求

氢气很容易从小孔中泄漏，对于透过薄膜的扩散，氢气的扩散速度是天然气的 3.8 倍。另外，氢气在空气中的体积浓度很低时即可燃烧。所以车载氢气系统应采取相应的安全措施，以避免发生事故。对车载氢气系统的具体要求如下。

① 应有压力过高安全报警等措施，不允许发生诸如下游压力升高的现象。

② 燃料电池汽车的燃料系统中应设有低压保护装置，当氢气瓶内部压力低于要求的压力时，其防护装置应能够及时切断燃料的输出。

③ 在起动、行车、停车、关闭等常规操作中，应保证释放、吹扫和其他溢出等情况下，与氢气有关的危害不会发生。

④ 汽车排气时，不能导致汽车周围、乘客舱及其他舱中氢气浓度超过限值。

⑤ 当发生故障或意外事故时，燃料系统需要通风放气。

⑥ 气体流动的方向应远离人、电、点火源。

⑦ 放气装置应安装在汽车的高处，且应防止排出的氢气对人员造成危害，避免流向汽车的

电气端子、电气开关器件或点火源等部件。

⑧ 在可能发生泄漏的部位，都应合理地安装氢气泄漏探测器。

⑨ 燃料电池系统部件的导体外壳应同电平台连接，确保在氢气泄漏时，不会因静电而引燃氢气。

⑩ 所有的燃料系统安装牢固，避免因汽车振动而导致损坏、泄漏等故障。

⑪ 所有燃料系统的部件都要采取适当的保护措施，且不应放置在汽车的最外端，压力释放装置和排气管除外。

⑫ 可能排出或泄漏出氢气的出口应远离可能产生火花或高热的器件。

总的来说，车载氢气系统安全措施应从预防与监控两方面着手。图 3-11 所示的是从预防的角度给出的车载氢气安全实例。

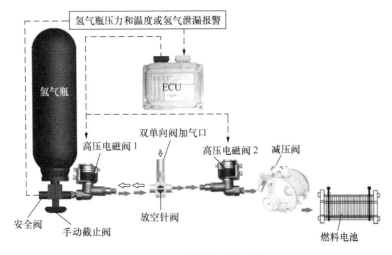

图 3-11　车载氢气安全实例

选择合适的氢气瓶材料，可以有效地解决氢气泄漏的问题。例如用塑料内胆或铝内胆，外部用碳纤维缠绕的高压氢气瓶，因其质量轻，单位质量储氢密度高，与钢制容器相比很好地解决了氢脆问题，同时也大大降低了成本。在美国加利福尼亚州进行的燃料电池示范项目中基本都采用了碳纤维缠绕高压氢气瓶。目前高压氢气瓶一般工作压力为 35 MPa。工作压力可高达 70 MPa 的高压氢气瓶也已经通过了相应的试验。氢气瓶应使用符合国家相关标准规定的车用储氢压力容器，在无国家标准之前，可参考相关的国际标准执行。储氢系统应有反应氢气瓶内温度的传感器，能够反映氢气瓶内气体温度。

燃料供给系统应包含能够保证燃料加注时切断向燃料电池系统供应燃料的功能。燃料加注口应具有能够防止灰尘、液体和污染物等进入的防尘盖。防尘盖旁边应注明燃料加注口的最大加注压力。燃料加注口应设置在汽车侧面。燃料加注口应有消除汽车静电的措施。燃料加注口应能够承受来自任意方向的 670 N 的载荷，不应影响到燃料系统气密性。

气体流动的高压管路的材质一般会选用不锈钢，耐压要大于 35 MPa。

在国内，同济大学自行开发设计的燃料电池轿车采用丁泰克公司提供的铝内胆碳纤维缠绕的高压氢气瓶。以超越三号为例，氢气瓶的工作压力为 35 MPa，储氢总量 2.67 kg，续驶里程 230 km。在开放空间碰撞的情况下，如果氢气瓶不破裂，它可以承受比汽车自重更高的压力。

2. 车载氢气系统的安全装置

在燃料电池汽车上有多个装置保证车载氢气系统的安全性，具体包括以下几种（参见图3-11）。

① 氢气瓶电磁阀（图3-11中的高压电磁阀1）。氢气瓶电磁阀为12 V直流电源驱动，无电源时处于常闭状态，主要起到开关氢气瓶的作用，与氢气泄漏传感器系统联动，一旦泄漏使氢气浓度达到保护值时能自动关闭，从而达到切断氢气源的目的。驾驶人离开汽车时，此电磁阀断电，管路截止。

② 管路电磁阀（图3-11中的高压电磁阀2）。管路电磁阀放在减压阀前部，当外界给氢气瓶充气时，可有效防止气体进入燃料电池。

③ 减压阀。减压阀位于管路电磁阀和燃料电池之间，可以将氢气的压力调节到燃料电池所需要的压力。

④ 手动放气针阀。当出现危险的时候，针阀可以将氢气瓶中的残余氢气安全放空。

⑤ 安全阀。安全阀位于氢气瓶上，当氢气瓶中氢气压力超过设定值后，能通过氢气瓶安全阀自动泄压，例如在氢气瓶体温度由于某种原因突然升高造成氢气瓶内气体压力上升，当压力超过安全阀设定值时，安全阀自动泄压，保证氢气瓶在安全的工作压力范围之内。

⑥ 单向阀。当注气接头出现损坏情况时可防止气体向外泄漏并提高受气头的使用寿命，通常采用两单向阀串联结构，以提高可靠性。

⑦ 手动截止阀。手动截止阀通常处于常开状态，当氢气瓶电磁阀失效时能手动切断氢气源。氢气瓶电磁阀和手动截止阀联合作用，有效地避免了氢气泄漏。加气口在加注氢气的时候与加气机的加气枪相连，从而达到加注的目的，同时具有单向阀的功能，应与未遮蔽的电气接头、电气开关和其他点火源保持至少200 mm的距离。

⑧ 温度传感器和压力传感器。它们位于氢气瓶上，用于检测氢气瓶内的温度和压力，控制单元用以控制系统运行，避免系统工作在不正确的温度与压力下，并可实现报警功能。温度传感器是用来检测氢气瓶内气体温度的部件，可以将气体的温度信号发送到驾驶室仪表板上，通过气体温度的变化来判断外界是否有异常情况发生。例如在气体温度突然急剧上升时，如排除温度传感器本身故障，则在氢气瓶周围可能有火警发生。压力传感器主要用于判断氢气瓶中氢气量，保证车辆的正常行驶，当压力低于某值可以提示驾驶人加注氢气。

⑨ 氢气泄漏传感器。由于氢气传感器的测量原理不同，造成了其测量灵敏度及测量范围的差别，主要有半导体式、催化燃烧式、电化学式以及光化学式等。根据传感器的量程不同，又可以分为低量程 TGS821（$10^{-3} \sim 5 \times 10^{-3}$）传感器和高量程 TGS813（$10^{-3} \sim 10^{-2}$）传感器，低量程的反应灵敏度高，两种传感器在低浓度时反应都比较明显。传感器可以等效于两个电阻，一个是可变电阻，另一个为固定电阻。可变电阻是随着氢气浓度、湿度、温度变化而变化的，其中氢气浓度和湿度对它的影响比较大。传感器的可变电阻则随着浓度变大而变小（即信号端的输出电压变大）。固定电阻是用来加热的。根据不同的要求，对氢气传感器类型、数量以及布置的位置均有一定的要求。一般来说，出于对安全性能的考虑，燃料电池汽车总共要求安装 4 个氢气泄漏传感器，而所有传感器信号需直接传送到仪表板的醒目位置，及时通知驾驶人。

一般在行李舱布置两个氢气泄漏报警仪，报警值设置为 3 级。

说明

氢气泄漏报警级别共分 3 级。

一级：氢气浓度达到 10^{-3}（2.5% LEL）时报警，系统自动切断氢气供应，由驾驶人将车辆移至指定的安全区域由专人检查整个系统。

LEL 是指爆炸下限，它是针对可燃气体的一个技术词语。可燃气体在空气中遇明火爆炸的最低浓度，称为爆炸下限。空气中可燃气体浓度达到其爆炸下限值时，称这个场所可燃气环境爆炸危险度为百分之百（100% LEL）；如果可燃气体含量只达到其爆炸下限的百分之十，称这个场所此时的可燃气环境爆炸危险度为 10% LEL。

二级：氢气浓度达到 5×10^{-3}（12.5% LEL）时报警，红色报警，建议驾驶人切断氢气供应，将车辆开至指定的安全区域由专人检查整个系统。

三级：氢气浓度达 10^{-2}（25% LEL）时报警，黄色报警，建议提醒驾驶人及时停机，用氢气检漏工具检查供氢系统。

在车内布置两个报警器，报警级别分别为一级和二级，分别安装在后座的左右两侧。

报警系统需要自带蜂鸣器，氢气泄漏传感器需要常供电，在不开车的情况下如果测到氢气泄漏，蜂鸣器可以发出报警声音。

⑩ 碰撞传感器。在车辆发生碰撞的情况下，整车控制系统能通过车上安装的碰撞传感器关闭储氢罐电磁阀。

学习任务 3-2　气体燃料发动机汽车

【任务引入】

气体燃料发动机汽车在节能和环保方面均优于常规燃料（汽油或柴油）汽车，所以将其归类于新能源汽车中。气体燃料发动机汽车包括代用气体燃料发动机汽车和氢发动机汽车两类。代用气体燃料种类很多，常见的有天然气和液化石油气（天然气应用较多）。氢发动机汽车是以氢气为主要能量驱动的汽车。

本任务主要学习天然气汽车和氢发动机汽车的基本结构原理。

【学习目标】

1. 能够正确描述天然气的特点。
2. 能够正确描述压缩天然气动力系统的组成及工作原理。
3. 能够正确描述压缩天然气动力系统采取的安全措施。
4. 能够简单说明天然气汽车的发展趋势。
5. 能够正确描述预混式氢发动机、缸内喷射式氢发动机和内外组合式氢发动机的工作原理。
6. 能够正确描述液氢汽车供氢系统的工作原理。

【相关知识学习】

一、天然气汽车

1. 天然气及其在汽车上的应用

我国天然气储量丰富，总资源量约为 54 万亿立方米，西气东输工程已覆盖 120 个城市，推广使用天然气汽车有着良好的资源条件。

天然气是一种以甲烷（CH_4）为主要成分的矿物燃料。根据产地的不同，天然气中甲烷的质量含量高达 80%～99%。其余成分是二氧化碳、氮气和低分子量的烷烃气体。天然气在汽车上可以以液态形式存储，或者以气态压缩的形式存储。以液态形式存储是指在–162℃时，作为液化天然气（LNG）存储。以气态压缩的形式存储时，压缩天然气（CNG）的压力高达 20 MPa。由于存储液化天然气成本高，所以，一般都将天然气以压缩的形式存储。天然气的抗爆性极好（研究法辛烷值约为 140），从而可使用 13∶1 的压缩比。然而，在两用燃料发动机上，如汽油和天然气组合使用的发动机上，由于压缩比必须按照汽油来调整，所以，这个优点不能得到很好的利用。国内改装的两用燃料发动机汽车，因要兼顾燃油、燃气两种条件，对原发动机压缩比和燃烧结构等均不作变动，发动机功率、汽车最高车速、加速性能不低于原车的 90%。所以汽车输出功率略有下降，但城区地势较为平坦，不会影响驾驶效果。

1 m^3 天然气可代替 1 kg 以上的汽油，一次充气可行驶 200 km 左右，排放达欧 II 标准。

天然气用于点燃式发动机和压燃式发动机有以下优点：具有优异的燃烧特性和 CO_2、NO_x、CO 低排放特性。实际上，废气中不含颗粒物和含硫排放物。火花塞无积炭，减轻了机油的污染。天然气用于点燃式发动机和压燃式发动机驱动有以下缺点：由于天然气的热值低，所以，发动机功率降低。天然气存储费用高。在同样的燃料箱容量的情况下，续驶里程缩短。

CNG 发动机动力性下降的原因有混合气热值低和分子变更系数小以及充气效率低等诸多因素。混合气热值低和分子变更系数小是由于燃料分子中含氢比例较大造成的，对于天然气，其分子结构是固定的，无法改变。要提高 CNG 发动机的动力性，只能从增压、缸内直喷、降低进气温度、大负荷工况减气增油等方面进行。天然气辛烷值为 115～139，比汽油高出 50%，抗爆性能强，提高压缩比、增大点火提前角是提高 CNG 发动机功率简单易行的有效方法。CNG 发动机的转矩除在高转速时略有下降外，呈现出较好的低速特性，这是由于 CNG 抗爆性能好，低转速时不需要推迟点火。

目前，国内 CNG 汽车的开发中采用的主要是 CNG 技术，在实际应用中遇到了诸如车辆续驶里程短、动力性和经济性不够理想、安全性能较差等问题，从而限制了其应用范围。

在点燃式发动机上，天然气动力系统一般将天然气驱动与汽油驱动相结合（所谓的两用燃料动力装置）。

有的汽油/CNG 两用燃料发动机汽车在中、小负荷工况下，发动机燃用纯 CNG，当发动机负荷达到 50%以上时，减少 CNG 供气量并加入少量汽油掺烧，或在大负荷工况完全切断 CNG 供气，改为纯汽油供给方式。

2. CNG 动力系统工作原理

如图 3-12 所示，高压的压缩天然气从储气钢瓶出来，经高压电磁阀进入减压器（减压阀）。高压电磁阀的开闭由 ECM（发动机控制模块）控制，减压器的作用是将高压的压缩天然气（工作压力 20～30 MPa）经过减压加热将压力调整至 7～9 MPa。高压天然气在减压过程中由于减压膨胀，需要吸收大量的热量，为防止减压器结水，将发动机冷却液引出到减压器对天然气进行加热。经减压后的天然气经过滤器过滤后进入电控调压器（喷轨），电控调压器的作用是根据发动机运行工况精确控制天然气喷射量。天然气与空气在混合器（进气管道）内充分混合，进入发动机气缸内，经火花塞点燃进行燃烧，火花塞的点火时刻由 ECM 控制。氧传感器实时监控燃烧后尾气的氧浓度，推算出空燃比，ECM 根据氧传感器的反馈信号控制 MAP 来及时修正天然气喷射量。图 3-13 所示为 CNG 发动机电控系统组成。图 3-14 所示为玉柴 CNG（增压）发动机控制原理图。

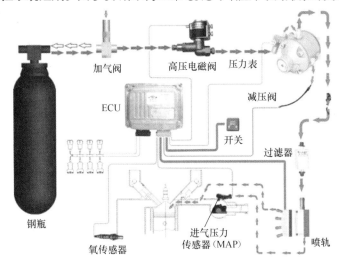

图 3-12　CNG 动力系统工作原理示意图

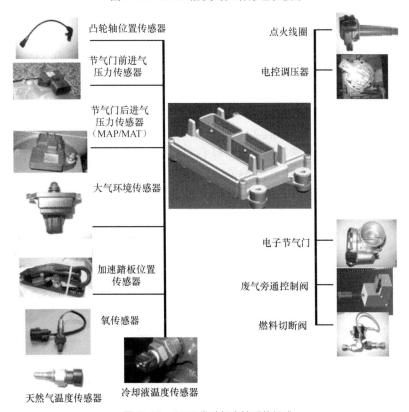

图 3-13　CNG 发动机电控系统组成

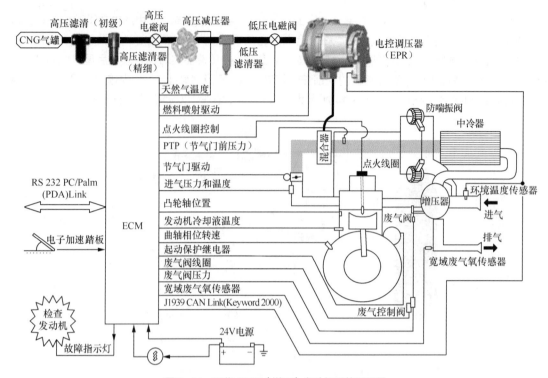

图 3-14　玉柴 CNG（增压）发动机系统原理图

3. CNG 动力系统安全措施

CNG 动力系统会对环境构成一定的威胁，例如，气体泄漏未被检查出来或者是储存压力的提高存在爆炸的危险，为此，CNG 动力系统采取以下多种安全措施。

① 止回阀位于充气接头内的截止阀上，其作用是防止天然气经过充注阀倒流。

② 在车内布置的管路和部件上，包缠密封护套。

③ 螺纹套管接头采用双卡环螺纹套管接头。

④ 天然气储气瓶是由钢或碳纤维增强材料（CFRP）制成的，每个储气瓶都要通过两个护圈安装到汽车上。钢瓶的爆炸压力约为 40 MPa，而 CFRP 气瓶的爆炸压力约为 50 MPa。

⑤ 储气瓶上安装有易熔塞和热熔断器，这些装置可以防止过高的压力增长，从而可防止起火所引起的储气瓶爆炸。

⑥ 电磁截止阀安装在天然气储气瓶上，在转换成汽油模式的情况下，在发生电源故障时、发动机停机后或者在发生碰撞事故时，此阀关闭。另有一个截止阀安装在调压器上。

⑦ 限流器可以防止管路破裂所造成的天然气突然大量泄漏。

⑧ 在低压侧管路上采用软管（如调压器与气体喷射器之间的管路），使用这样的软管可以防止疲劳损伤所引起的断裂现象。

⑨ 过压调节器安装在调压器上，可防止低压侧出现过高压力。

4. CNG 汽车主要相关零部件

① 高压燃料切断阀（高压电磁阀）。高压燃料切断阀由 ECM 控制其开合，停机状态下处于常闭状态，作用是及时切断或恢复燃料供给。

② 高压减压器。高压减压器用来控制减压后的天然气压力，通过节流和加热，使高压的压

缩天然气减压至 7～9 MPa 的低压天然气。

③ 低压电磁阀。低压电磁阀由线圈驱动阀芯，由 ECM 控制其开合，停机状态下处于常闭状态，有及时切断或恢复燃料供给作用。

④ 电控调压器（EPR 阀）。电控调压器内部有一控制芯片，该控制芯片接受来自 ECM 的控制指令，以控制天然气供气量，从而实时有效地控制空燃比。

⑤ 混合器。混合器将天然气和中冷后的空气充分混合，使燃烧更充分、柔和，有效降低 NO_x 排放和排气温度。

⑥ 防喘振阀。防喘振阀是当发动机突然减速时，通过喘振阀通气软管将节气门后的低压压力传递到防喘振阀压力反馈接头上，打开喘振阀单向截止膜片，使增压器压气机前后压力平衡，避免增压器喘振，保护增压器。

该零件共有 3 个接口。一个接口连通节气门后方，用于感知节气门后方的进气压力；另外两个接口分别连接增压器前进气管和增压器后进气管。6G 系列 CNG 发动机使用两个防喘振阀，两个防喘振阀安装时进、出气口刚好相反，使气流能相互流通。4G 系列 CNG 发动机只需要一个防喘振阀即可满足要求。

⑦ 废气旁通控制阀。通过控制废气旁通控制阀的占空比，控制废气旁通控制阀的出口压力，从而控制发动机的增压压力。采用该技术能有效提升发动机低速转矩，满足公交车频繁起步的工作要求。

⑧ 天然气温度传感器。天然气温度传感器实时测量电控调压器出口处的天然气温度，ECM 根据测量到的温度、压力等参数以及所需要的目标空燃比计算出需要提供给发动机的天然气供给量。

⑨ 电子控制模块。电子控制模块是电控 CNG 发动机管理核心，通过各种传感器监控发动机运行工况，并根据发动机运行工况和控制 MAP 来控制各执行器，并且通过 CAN 总线与汽车各子系统通信。

5. 天然气汽车的发展趋势

（1）CNG 汽车发动机的发展

CNG 汽车发动机历经了几代产品的演变和发展之后，呈现出如下发展趋势。

① 燃料供给系统从机械式混合器发展到电子控制喷射系统。

② 电喷系统由单点开环控制发展到闭环多点喷射控制系统。

③ 喷射方式从缸外预混合到复合供气、缸内直接喷射。

为从根本上解决以往预混合供气方式中，CNG 气体燃料挤占进气空气体积，造成充气效率下降的问题，而研制出 CNG 缸内直喷发动机。与常见的缸外混合 CNG 发动机不同，该发动机将空气的吸入和 CNG 的喷射分开进行，先将纯净空气吸入气缸，在接近压缩行程上止点时将 CNG 喷入气缸，借助高温（约 1300℃）的电热塞使天然气压燃。

CNG 缸内直接喷射技术综合了柴油机和汽油机的优势，从根本上解决了预混合方式中，天然气燃料挤占进气空气体积，造成充气效率下降的问题，实现了 CNG 非均质混合气扩散燃烧，燃烧效率高，能有效提高天然气发动机的动力性。

④ 燃料的使用从两用燃料、双燃料到单一燃料。

⑤ 燃料存储方式从 CNG 向 LNG 方向发展。

LNG 燃料开发和应用的难点之一在于天然气常温下难以液化，因此 LNG 的制取比 CNG 要复杂，而且 LNG 在常压下只有保持在−162℃以下才能呈现为液态，故 LNG 的气瓶和传输管路需要具有良好的绝热性能，其设计制造相当复杂，成本较高。

（2）LNG 汽车发动机的优势

与 CNG 相比，LNG 具有更多的优点，主要体现在以下几个方面。

① 可提高发动机的压缩比。LNG 通过深冷前的净化处理几乎除掉了天然气中的全部杂质，深冷净化处理过程中又分离出不同液化点的重烃类成分和其他气体成分，因此 LNG 的纯度很高，甲烷含量为 97.5%～99.5%，而 CNG 中的甲烷含量只有 81.3%～97.5%。LNG 燃料成分的单一性和一致性有利于发动机压缩比等设计参数的确定，避免了乙烷、丙烷等成分的爆燃对发动机及其部件造成的不良影响。

② 燃料经济性好。LNG 的能量密度是 CNG 的 3.5 倍，这表明 LNG 储存效率更高，可以使车辆获得较长的续驶里程，或者说在相同续驶里程的情况下可以使车辆的总重量更轻，从而比使用 CNG 有更好的燃料经济性。同时储存效率高也使 LNG 更利于运输，扩大了 LNG 使用的地域范围。

③ 安全性好。LNG 的储气瓶为具有绝热夹层的压力气瓶，储存温度为−162℃，储存压力稍高于 1.0 MPa，而 CNG 通常以 20～25 MPa 的高压储存在高压气瓶中，因此使用 LNG 更安全。

④ 发动机热效率高。应用 LNG 发动机的汽车可以充分利用 LNG 的低温特性降低混合气的温度，从而降低燃烧温度，提高发动机的热效率，同时降低 NO_x 的排放。

⑤ 对负荷变化响应快。使用 LNG 易于使发动机对负荷变化获得更好的响应性。

LNG 作为后起之秀，具有无与伦比的优势，发展前景看好。随着 LNG 低温液化技术的不断成熟，LNG 的制取、气瓶、传输管路等的价格将不断下降，届时 LNG 汽车发动机将成为天然气汽车发动机的主要发展方向。

二、氢发动机汽车

氢气与石化燃料不同，其不含碳，燃烧之后生成的是水和少量的 NO，没有 CO 和 HC，也不会产生造成温室效应的 CO_2，符合减缓全球变暖的时代需求，所以它是一种清洁燃料。目前车用氢能主要有两种方案：一种燃料电池，它是通过氢离子的方式转换为电能的；另一种是氢发动机，它通过氢的燃烧使化学能转换为机械能。

氢气在常温、常压下是无色、无味、无毒的气体。氢气本身的天然储量不大，而且自然界中的氢绝大部分以化合态的形式存在。但作为其来源之一的水，却是十分丰富的。而且氢气燃烧后生成的物质还是水，故能形成资源的快速循环。

1. 氢发动机的分类

氢发动机属于点燃式发动机，根据氢燃料储存的压力和形态分为压缩氢、液态氢和吸附氢 3 种。根据混合气形成方式不同可分为外部混合（预混式）、内部混合（缸内喷射式）和内外组合式 3 种方式。

（1）预混式氢发动机。预混即缸外混合技术，是使气态氢与空气在发动机外部形成混合气，然后通过进气道在进气行程送入气缸，由火花塞或电热塞引燃，也可以用柴油引燃。这是使用氢燃料最简单的技术，所以目前国内外研发的氢发动机大部分都采用这种形式。采用预混式燃烧形式对传统发动机结构不需要很大改动，而且该种发动机各缸燃料分配均匀，所以混合气形成和燃烧较易组织。但是，预混式氢发动机在运行中无法避免爆燃、早燃和进气管回火等异常燃烧现象，输出功率一般也较低。一旦出现异常燃烧，发动机性能将会急剧下降，甚至无法正常工作。为避免这些异常燃烧的现象，可以采用下列措施。

① 避免回火措施。回火一般是由早燃引起的，所以首先需要保证气缸清洁和减少热点。采用在进气歧管加引管喷射的方式，将减压后的氢气喷射到进气门处以减少进气歧管内的氢气量，也可以有效降低回火程度。另外，还可以采用进气管喷水的方法，但是这种方式要求有较大的喷水率，才会有明显的效果，并且还会对气缸产生腐蚀，使功率下降。

② 避免早燃措施。为了抑制早燃的产生，氢发动机必须采用各缸独立点火系统，而不能采用分组式电子点火系统。为了避免早燃，还应该根据氢气的燃烧特性选用冷型的火花塞和较狭小的火花塞间隙。为了克服极稀混合气状态下火焰传播速度显著下降引发的断火，应采用双火花塞点火。另外，在混合气中添加甲烷、氮气等可抑制早燃，而且在其中添加甲烷还可以弥补使用氢气燃料带来的功率不足，并解决燃烧过快和过慢的问题。

③ 其他措施。通过调整喷氢提前角和点火提前角以及它们之间的匹配，也可以在一定程度上消除氢发动机的异常燃烧。采取废气再循环方式也可防止异常燃烧现象，不过若要有明显效果，需要保证 EGR 率（即再循环的废气量与吸入气缸的进气总量之比）在 25% ~ 30% 以上。

（2）缸内喷射式氢发动机。缸内喷射是指在进气门关闭后将氢燃料直接喷入缸内。压缩行程开始后，气缸内气体压力是逐步上升的，在压缩行程的不同时期喷入缸内氢气的压力必须是不同的，压力高低需要与缸内气体压力相匹配。氢气在压缩行程初期喷入的称为低压喷射型，在压缩行程末期将压力为 8 MPa 以上的氢气喷入气缸的称为高压喷射型。采用缸内喷射，氢气不再占据气缸容积，这样就避免了预混式氢发动机气缸内可燃混合气总量较少的缺点。另外由于换气过程中新鲜空气对燃烧室的冷却作用，大大减少了表面点火的发生，因此发动机工作平稳可靠。低压喷射型虽可控制回火，但喷入常温下的氢气时易发生早燃等异常燃烧现象，功率只能与汽油机水平相当。而喷入低温（-50 ~ 0℃）氢气虽可抑制早燃和提高发动机功率（功率比汽油机高 20%），但是运行成本上升，还受到发动机运动副的耐冻能力和循环工作情况的限制。高压喷射型由于氢气和空气混合不良，指示热效率稍低，但不会发生回火和早燃等异常燃烧现象，并可提高压缩比，从而提高输出功率和补偿热效率，改进发动机的整体性能。但是高压喷射对喷氢系统有很高的要求，具体情况如下所述。

① 为了使氢喷束贯穿整个燃烧室，喷射压力必须大于 8 MPa，这么高的压力只有通过采用液氢泵来获得。

② 氢极易通过喷射阀和阀座间的狭缝泄漏，因此这些偶件要求加工得十分精密，并需使用少量润滑油，这些特殊的低温防泄漏设备的采用增加了发动机的成本。

③ 与汽油相比，氢的密度很小，因而在高压空气中，氢喷束的喷射速度较低，且射程较短，不利于及时形成混合气。因此，要实现快速燃烧，必须合理组织燃烧室内的气流运动。

④ 氢的喷射正时、点火正时及循环喷氢量均应精确控制。

（3）内外组合式氢发动机。在采用缸内高压喷射时，由于氢喷入缸内会吸热，氢的自燃温度又高，因此导致着火困难。采取缸内喷射与进气道喷射相结合的方式喷氢，使得少量氢和空气在进气管预混后进入气缸，其余大部分氢气在压缩末期高压喷入气缸，可以有效改善发动机的着火性能，从而降低了 NO_x 的排放。日本古滨庄一等人采用缸内喷射（喷射压力为 5 MPa）和预混（过量空气系数为 4）相结合的方式进行试验，结果表明，与全部预混的方式相比，这种方式更有利于在过量空气为 1 附近正常燃烧，并能获得较低的 NO_x 排放量。

2. 氢发动机的关键零部件

典型的液氢发动机汽车供氢系统如图 3-15 所示。由直流电机驱动的液氢泵将液氢箱的氢抽出，氢迅速由液态变为气态，经高压输氢管送入热交换器，提高氢的温度，然后保持在室温左右。氢气由储氢筒，经喷氢器在高压作用下喷入发动机的燃烧室中。其中最主要的两个关键部件为液氢泵和喷氢器。

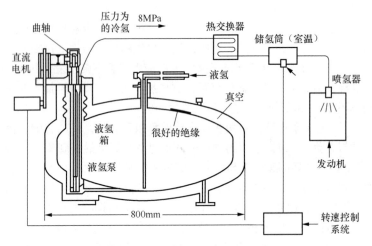

图 3-15　典型的液氢发动机汽车供氢系统

（1）液氢泵。液氢泵的局部结构及工作原理如图 3-16 所示，图中画有阴影的部分是固定在液氢箱体中不动的。在泵送液氢的过程中，图 3-16（a）中未画阴影部分表示的缸筒向上提起，吸氢阀被关闭，并将缸筒中的氢气压上去，经过打开的供氢阀将汽化的氢在一定压力下，经高压输氢管送入热交换器。在液氢泵吸氢的过程中，如图 3-16（b）所示，缸筒向下运动，供氢阀关闭，而吸氢阀打开，将液氢箱中的氢吸入缸筒的空腔内。这种泵的特点就是通常作往复运动的活塞不动，而外面的缸筒作上、下运动，这样受力情况由压缩变成拉伸，也提高了液氢泵的工作效率。

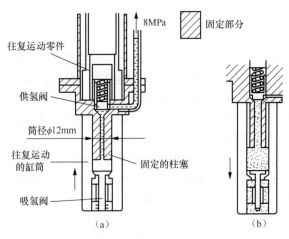

图 3-16　液氢泵工作原理

（2）喷氢器。喷氢器结构如图 3-17 所示。喷氢器在燃烧室中布置的情况如 3-17（a）所示，利用了通常柴油机采用的喷油泵及喷嘴。此时被喷油泵压入喷氢器的柴油是作为工作液体起作用的，它推动喷氢器上端的针阀向下压，如图 3-17（b）所示，将喷氢阀打开，氢气便通过喷氢器下端喷头上的孔喷入燃烧室。

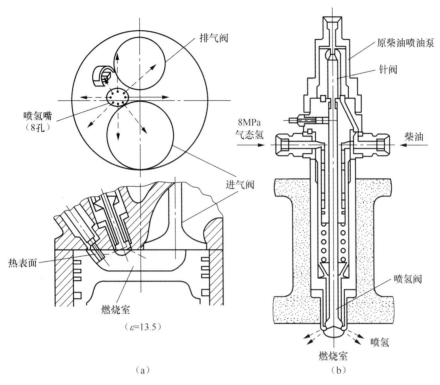

图 3-17 喷氢器

学习任务 3-3　代用液体燃料发动机汽车

【任务引入】

　　汽车的液体代用燃料主要有煤制液体燃料和生物燃料两大类。目前实际应用于汽车的煤制液体燃料主要是甲醇；生物燃料包括乙醇和生物柴油。以甲醇作为发动机燃料的汽车称为甲醇汽车，以乙醇作为发动机燃料的汽车称为乙醇汽车，以生物柴油作为发动机燃料的汽车称为生物柴油汽车。

　　本学习任务主要介绍甲醇汽车、乙醇汽车和生物柴油汽车的燃料特点和相应发动机及整车的基本原理。

【学习目标】

1. 能够正确描述甲醇燃料的特性。
2. 能够正确描述甲醇燃料对发动机结构及其性能的影响。
3. 能够正确描述甲醇燃料的特点及甲醇燃料问题的应对措施。
4. 能够正确描述乙醇的特点及其作为燃料的优势。
5. 能够正确描述汽油机改用乙醇燃料后，发动机结构方面需要做的一些变动和改进。

6. 能够正确描述生物柴油的优缺点。

【相关知识学习】

一、甲醇汽车

1. 甲醇的特性

甲醇是一种无色、透明、易燃、易挥发的有毒液体，略有酒精气味，可混合溶于水、醇、醚等多种有机溶剂，遇热、明火或氧化剂易燃烧。

甲醇可单独作为汽车燃料，也可与汽油、柴油混合作为混合燃料。

甲醇的辛烷值较高，有一定的挥发性，又较易和汽油混溶，较适合作汽油机的燃料。甲醇的十六烷值低，虽不易在柴油机中燃烧，但由于柴油机热效率高，利用现代技术也可在柴油机中掺烧甲醇。

2. 甲醇燃料

根据甲醇与汽油掺混的比例不同，甲醇燃料有低比例掺混、中比例掺混、高比例掺混、和全甲醇燃料。

低比例掺混甲醇燃料的甲醇掺混比例小于 15%，包括 M3、M5、M10 和 M15 共 4 种。中比例掺混甲醇燃料的甲醇掺混比例在 30% ~ 50%，包括 M30、M40 和 M50 共 3 种。高比例掺混甲醇燃料的甲醇掺混比例为 85%，即 M85 甲醇燃料。全甲醇燃料为 100% 纯甲醇。

为了更好地利用甲醇燃料的优点，要根据不同掺烧方式的需要调整燃料性质、改进发动机结构以及设计良好的掺烧及控制装置。如调整汽油的组分或加入添加剂，以改善发动机的起动性能和避免汽阻；在甲醇燃料中加入着火改善剂，以改善在柴油机中使用时的着火性能。

3. 甲醇对甲醇汽车的影响

（1）对发动机结构的影响

甲醇汽车分为低中比例甲醇汽车和全甲醇汽车。低中比例甲醇汽车一般指的是使用 M3、M5、M10、M15、M30、M40、M50 类型甲醇燃料的汽车。使用低中比例甲醇燃料，不需要改变发动机的结构，但是甲醇特性与汽油机不适应，需要改变甲醇的特性，将其变成燃料甲醇，使之可与汽油搭配使用。使用 M85 ~ M100 类型甲醇燃料的汽车称为全甲醇汽车，全甲醇汽车需要对发动机进行重新设计制造。

（2）对汽车性能的影响

各种不同掺烧比例的甲醇汽油对于汽车性能的影响不同，具体特性见表 3-2。

表 3-2　不同配比的甲醇燃料对汽车性能影响比较

特性	方案一 低比例掺混 (M3、M5、M10、M15)	方案二 中比例掺混 (M30、M40、M50)	方案三 高比例掺混 (M85)	方案四 纯甲醇 (M100)
燃油经济性	一般	中	亮	优
材料适应性	良	差	良	优
低温起动性	良	中	差	优
低温排放性	良	差	差	优

由于甲醇与汽油的理化性质、燃烧特性存在一些不同，这将会给传统汽油汽车带来一些有利的变化和改进，主要是降低排放和提高发动机热效率。

① 降低排放。甲醇是含氧燃料，且其含碳量比汽油低，在燃烧过程中有自供氧效应，在发动机中燃烧较均匀，减少了局部富氧或缺氧的概率，CO、HC 等的产生量减少，排放量降低。

② 提高发动机热效率。使用甲醇燃料可提高发动机热效率，主要原因有以下 4 个方面。

a. 甲醇的辛烷值比汽油高，因此可以提高发动机的压缩比，发动机的热效率明显提高。

b. 甲醇的燃烧速度和火焰传播速度比汽油快，所以燃烧的定容性较好，燃烧持续期短，过后燃烧程度小，也有利于热效率提高。

c. 甲醇的汽化热比汽油高。甲醇的汽化热比汽油高 2 倍多，当其进入气缸后，能吸收沿途管壁表面及周围高温零件壁面的热量而使自身蒸发，利用了余热而使自身的能量提高，又降低了气缸、燃烧室和气缸盖的温度，从而减少了外传热量，提高了热效率。

d. 甲醇的着火燃烧浓度界限比汽油的相应范围宽。甲醇比汽油更容易稀燃，稀燃是一种节能燃烧和完善燃烧的形式，它有利于热效率的提高，而且，压缩比越高，负荷越大，越容易稀燃。

（3）针对甲醇燃料问题的应对措施

甲醇燃料本身的特性也给甲醇汽车带来了一些问题，常见的几种情况和相应的改进措施如下。

① 腐蚀性。甲醇以及甲醇燃烧反应过程中产生的甲醛、甲酸、大量水蒸气、未燃甲醇等均对金属表面有腐蚀性，造成燃烧室周围机件（进排气门座、进排气门、气门导管、活塞环、缸套等）的腐蚀及快速磨损。一般通过添加抗腐蚀的化学添加剂来解决这个问题，不过抗腐蚀添加剂对抗电化学腐蚀的作用有限，尤其是考虑到燃料的燃烧性能，添加剂的选择范围受到限制，且不能使用含有硅、磷以及金属元素的添加剂。另外，改变发动机的机件材质和热处理工艺，也可以有效解决腐蚀性问题，如气门将铁类合金改为镍类合金，气门座烧结材料中添加硬质微粒并作铅熔渗处理、活塞环镀铬等。

非金属材料也会受到甲醇燃料的腐蚀作用，主要是对橡胶材料的腐蚀。因此必须应用新型的橡胶材料或对现有的橡胶进行改进。丁腈橡胶和氟橡胶经过改进后，基本可达到长期耐甲醇燃料的要求。

② 溶胀性。甲醇是一种良好的极性溶剂，汽油是一种良好的非极性溶剂，它们对发动机的弹性胶体、密封件等有不同程度的溶胀作用。解决甲醇燃料溶胀性的办法有两种：一是改用不被甲醇腐蚀的氟橡胶；二是在甲醇燃料中添加溶胀抑制剂，如羧酸或酰氯与芳胺反应制得的溶胀抑制剂，添加少量即能达到要求。

③ 冷起动性。甲醇的初沸点比汽油高，甲醇的汽化潜热是汽油的 2 倍多，甲醇在进气管道内汽化时要吸收大量的热，使进气管温度降低，造成甲醇汽化困难，并且混合气温度很低，进入气缸后造成缸温很低，使甲醇汽化量少，难以着火起动。不同掺烧比例的甲醇燃料，冷起动性能也有所不同，中低比例甲醇燃料的饱和蒸气压比纯汽油的大，容易蒸发，冷起动没有问题；高比例甲醇燃料冷起动困难，特别是北方寒冷的冬季。以全甲醇燃料（M100）为例，其饱和蒸气压仅为 32 kPa，冬季 93 号汽油的饱和蒸气压为 86 kPa，在 0℃下 M100 的饱和蒸气压更低。M100甲醇燃料是很难蒸发的，同时 M100 的蒸发潜热是汽油的 4 倍，也就是说甲醇在蒸发的时候吸收大量的热，温度的降低使得 M100 更难蒸发，造成发动机不易起动。

对于高掺烧比甲醇燃料的冷起动难现象，常用的解决办法有以下几种：加大供油量，通常电喷车通过发动机 ECU 来控制加大燃料喷射量，但是加大供油量也会增加发动机的磨损及污染物排放；调整空燃比，减少空气量；增设加热器，在喷油器前或进气道合适的位置加装水温控制型的空气或混合气的加热器，此加热器的表面工作温度不应高于 200℃，否则有起火的危险；安装电加热火花塞及电热塞。

④ 污染物排放性。甲醇燃烧反应过程中产生甲醛、甲酸等化合物作为非常规排放的污染物比汽油燃烧排放量要多，用专用催化器处理后可以达到尾气排放标准要求。

⑤ 互溶性。甲醇和汽油的互溶性差，特别是含有少量水分时，分层现象更为严重，当采用低比例甲醇掺烧时，可以用加入添加剂的办法解决。

⑥ 溶水性。甲醇极性很强，可以与水无限互溶。水对甲醇燃料的稳定性影响很大，水的存在会使甲醇与汽油的临界互溶温度提高，甚至在某些情况下从空气中吸收的水分，也会导致稳定均一的甲醇燃料重新分层。改进甲醇燃料的溶水性，其本质还在增加甲醇与汽油的相容稳定性。目前，改善甲醇燃料稳定性所用的助溶剂有甲基叔丁基醚（MTBE）、异丁醇、叔丁醇等。

⑦ 高温气阻性。甲醇沸程单一（64.8℃），大量加入后，甲醇燃料馏程严重偏离汽油原馏程曲线，因而需要添加高沸点的组分以调整馏程曲线，确保甲醇燃料在输油管中不汽化；另外，如果燃烧不完全，烃类物质裂解、氧化聚合而产生炭渣的沉积，也会阻塞喷嘴，发生气阻。因此应促进甲醇燃料充分燃烧，抑制高温下的氧化聚合，添加抗阻沉积剂以抑制甲醇燃料的气阻发生。

4. 甲醇发动机的结构特点

甲醇燃料的一些性质会对发动机造成影响，汽油机在使用甲醇燃料时，发动机上的一些参数要在考虑甲醇的理化、燃烧特性的基础上进行选择，如甲醇的辛烷值、汽化潜热、着火温度等。

（1）提高压缩比

汽油机在使用甲醇燃料时，其压缩比可进一步提高，因为甲醇燃料辛烷值高、抗爆燃性好。压缩比一般可以提高到 12 ~ 14，同时提高压缩比要考虑燃烧室的形状、缸内气流运动方向及强度、与火花塞的位置配合等，以实现最佳的燃烧过程。提高压缩比时，应有较强的气流运动，使甲醇燃料与空气更有效地混合。较强的扰动会使激冷层范围减少，激冷层变薄，同时在提高压缩比、改变燃烧室形状及尺寸时，应尽量减少有害缝隙容积，在高压缩比及高功率情况下，要注意甲醇早燃及爆燃的可能。

（2）改善燃油分配均匀性及供油特性

甲醇的容积耗量在功率相等时比汽油大一倍多，因此选用甲醇燃料时，采用喷油器的甲醇汽车要考虑其流量特性是否满足要求及材料的相容性。由于甲醇的汽化热高，每循环供应量大，在发动机实际运转时很难完全汽化，如用单点喷射，各缸间分配不均匀性比汽油突出。如果采用使各缸进气管长度及阻力尽可能一致，混合气进行预热等措施，则有可能改善混合气的形成及均匀分配。甲醇混合气的预热可以提高中、低负荷特性时的燃油经济性，降低排放，但预热过度会使最大功率下降。

（3）混合气空燃比的调整

甲醇燃料混合气的可燃界限范围宽，通常汽油机改用醇燃料后会提高压缩比，提高了缸内气流运动速度及压缩行程终点的缸内温度，这都有可能使用更稀的混合气。因此汽油机改用甲醇燃料后，都需要调整混合气空燃比，使用更稀的混合气工作。

（4）火花塞及点火时间的选择

甲醇容易因炽热表面引起着火，最大火花塞温度也低于汽油机的火花塞温度，所以需要较冷型火花塞。尽管甲醇的着火界限宽，但是由于汽化潜热大，蒸气压低及各缸间混合气较大的不均匀性，在发动机较冷的状态下，难以稳定着火。可能改善的措施包括增加点火能量、延长点火时间、采用多电极及电极局部侧面有屏障的特种火花塞等。

二、乙醇汽车

将燃料乙醇掺入汽油可以作为车用燃料，常规使用的是 E85 燃料，是 15% 的汽油和 85% 的生物乙醇燃料混合而成。既可以使用此种混合燃料又可以使用常规汽油的汽车，通常也称为灵活燃油发动机汽车（FFV）。燃料乙醇是一种绿色可再生资源，随着科学技术的发展，粮食和各种植物纤维都可以加工生产出燃料乙醇，燃料乙醇的原料来源相当丰富，而且可以循环再生。

1. 乙醇的特点

乙醇是无色、透明、具有特殊香味的易挥发液体，密度比水小，能跟水以任意比互溶，是一种重要的溶剂，能溶解醚、甘油等多种有机物和无机物。

乙醇和甲醇有很多共性，同样可单独作为汽车燃料，也可与汽油混合作为混合燃料。乙醇与汽油相比，具有以下特点。

① 热值低。乙醇的热值约为汽油的 61.5%，但含氧量高，存在自供氧效应，减少 CO 生存条件，使 CO 大多数转变成 CO_2，CO 和 HC 排放量明显小于汽油，但 NO_x 排放量与汽油相当。

② 辛烷值高。当汽油中加入一定量的乙醇后可提高混合燃料的辛烷值。

③ 十六烷值低。乙醇的着火性差，在压燃式发动机中采用乙醇燃料要困难得多。

④ 沸点低。这一点对形成可燃混合气有利，但缺少高挥发性成分，对发动机冷起动不利。

⑤ 汽化潜热高。乙醇的汽化潜热是汽油的 3 倍，高的汽化潜热和低蒸气压对发动机冷起动不利，但可提高充气效率。

⑥ 着火极限宽。乙醇能在较稀薄混合气状况下工作。

另外，乙醇的理化性质较接近汽油，又容易与汽油混溶。国外首先以低比例（一般小于 1%～5% 体积比）的乙醇与汽油形成混合燃料用于汽车上，尽管动力性能比仅用汽油时略有降低，为了用户方便，无混合燃料供应时，仍可只用汽油保持原来发动机性能，所以对发动机结构基本不作调整。当需要以较多的乙醇代替汽油时，可以在汽油中掺入中比例或高比例的乙醇，如 E20、E40、E50、E60 及 E85 等，但是需要对混合气空燃比及点火提前角进行调整，这一点和甲醇混合燃料是类似的。

生产乙醇的原料及资源非常丰富。当前在以谷物及含糖类植物为主生产的同时，有的国家早已研究用其他原料如饮料业、造纸业的废液，林业、农业的残余物，城乡固体垃圾等生物质生产乙醇。由于世界上粮食危机一直存在，必须研究、开发用粮食作物以外的原料生产乙醇。有代表性及有发展前景的部分乙醇原料有：玉米、小麦、薯类、甘蔗、甜菜、高粱及糖蜜等淀粉及含糖类原料；山区及林区的野生植物的果实、根茎及嫩叶等野生植物原料。目前我国主要以谷物为原料生产乙醇，不仅成本高，而且涉及粮食安全问题。应该加大用生物质生产乙醇的研究开发力度。

2. 乙醇燃料发动机的结构调整

汽油机改用乙醇燃料后，发动机结构方面需要作一些变动和改进，这取决于乙醇燃料的理化性质、燃烧特点等。乙醇与甲醇同属于醇类燃料，在性质特点方面类似，所以发动机结构方面的变动和改进也与甲醇汽车类似，在此不再阐述。

三、生物柴油汽车

1. 生物柴油的特点

生物柴油（Bio-diesel）通常是指利用植物油、动物的油脂及废烹调油等作为原料，进行酯化反应生产的柴油。生物柴油的性质与柴油很接近。美国材料学会（ASTM）对生物柴油的含义进行了如下的叙述：生物柴油是由植物油、动物油等可再生油脂原料所衍生的长链甲基脂肪酸，可用于柴油发动机。生物柴油是生物质能的一种，它是生物质利用热裂解等技术得到的一种长链脂肪酸的单烷基酯。生物柴油是含氧量极高的复杂有机成分的混合物，这些混合物主要是一些分子量大的有机物，几乎包括所有种类的含氧有机物，如醚、酯、醛、酮、酚、有机酸、醇等。生物柴油是一种优质清洁柴油，可从各种生物质提炼，因此可以说是取之不尽、用之不竭的能源，在资源日益枯竭的今天，有望取代石油成为替代燃料。

生物柴油与石化柴油（石油化工生产）相比，具有以下优点。

① 生产工艺简单。生物柴油由动植物油脂及废烹调油转化的技术已基本成熟，不需要复杂的设备。生物柴油的储存、运输及分配供应系统，可使用原来用于柴油的容器及设备，对材料没有特殊要求。

② 具有优良的环保特性。和石化柴油相比，生物柴油含硫量低，使用后硫化物排放大大减少（硫化物的排放量可降低约 30%）。生物柴油不含对环境造成污染的芳香族化合物，燃烧尾气对人体的损害低于石化柴油，同时具有良好的生物降解特性。和石化柴油相比，生物柴油车尾气中有毒有机物排放量仅为 10%，颗粒物为 20%，二氧化碳和一氧化碳的排放量仅为 10%。

③ 低温起动性能好。和普通柴油相比，生物柴油具有良好的发动机低温起动性能，冷滤点达到-20℃。

④ 生物柴油的润滑性能好。可以降低发动机供油系统和缸套的摩擦损失，增加发动机的使用寿命，从而间接降低发动机的成本。

⑤ 具有良好的安全性能。生物柴油不属于危险燃料，在运输、储存、使用等方面的优点明显。

⑥ 具有优良的燃烧性能。生物柴油的十六烷值比柴油高，因此燃料在使用时具有更好的燃烧抗爆性能，可以采用更高压缩比的发动机以提高其热效率。虽然生物柴油的热值比柴油低，但由于生物柴油中所含的氧元素能促进燃料的燃烧，可以提高发动机的热效率，这对功率的损失会有一定的弥补作用。

⑦ 具有可再生性。生物柴油资源丰富，是一种可再生能源，不会像石油、煤炭那样会枯竭。

⑧ 具有良好的经济性。使用生物柴油汽车的系统投资少，原用柴油的发动机、加油设备、储存设备和保养设备无须改动。

⑨ 可调和性。生物柴油可按一定的比例与石化柴油配合使用，降低油耗，提高动力，降低尾气污染。

由于生物柴油燃烧时排放的二氧化碳远低于该植物生长过程中所吸收的二氧化碳，从而可改善由于二氧化碳的排放而导致全球变暖这一有害于人类的重大环境问题。因而生物柴油是一种真正的绿色柴油。

目前在应用生物柴油作燃料时，主要存在以下问题。

① 价格尚高于常规柴油。

② 原料供应有局限性。在大量生产时，还需要保证原料的供应，如用可食用植物油作燃料，就需要较多土地，这与我国的粮食紧缺状况是矛盾的；如用野生植物油，则还有待于开发；如用废烹调油，则需组织采购工作。

③ 发动机需改进。使用生物柴油的发动机尚需进一步优化，解决可能产生的新问题。

2. 生物柴油汽车概况

由于使用生物柴油无须对原有柴油机进行较大调整，而且燃油本身良好的自润滑性能使其有利于降低磨损，因此相比于醚类和醇类代用燃料有一定的优势。世界各国对生物柴油汽车的研究都得出了它能显著降低发动机污染物排放的结论。生物柴油汽车的排放性能不仅包括传统的排放物 CO、HC、NO_x 等，还包括非常规排放物如醛酮类、芳香烃、硫化物等。多环芳香烃（PAHs）最突出的特点是致癌、致畸及致突变性，并且致癌性随着苯环数的增加而增加。当 PAHs 与 $-NO_2$、$-OH$、$-NH_2$ 等发生作用时，会生产致癌性更强的 PAHs 衍生物。目前大多数国家都将多环芳香烃列为环境监测的重要内容之一，中国政府列出的"中国环境优先监测黑名单"中包括了 7 种 PAHs，汽车发动机尾气排放已成为 PAHs 污染的主要来源之一。对生物柴油汽车排放的研究中也包括了多环芳香烃。

　　一些研究机构和人员对生物柴油发动机的排放性能进行了研究，得出了一些具体的试验数据和结论。简要总结如下。

　　① 油耗及排放的影响。因生物柴油燃料热值的下降使得比油耗上升 12% 左右，但污染物排放明显下降，除 NO_x 比排放增加 5.6% 外，CO、HC 和颗粒物（PM）比排放分别降低了 41.4%、38.3% 和 38.7%，烟度比排放降低了 43.16%。另外，随着燃油中生物柴油掺混比例的增加，甲苯呈逐渐下降趋势。生物柴油与普通柴油可以以任意比例混合燃烧而不会改变它们各自的排放特性，因此可以通过不同比例的掺混来找到排放和油耗的平衡点。

　　② 随着负荷的增加，发动机燃用纯生物柴油、柴油、B20 燃油的甲醛和乙醛排放均呈下降趋势。纯生物柴油的甲醛排放则明显高于柴油。纯生物柴油的乙醛排放在中低负荷低于纯柴油，在高负荷时高于柴油及 B20 燃油。随着负荷的增加，发动机燃用 B20 燃油和纯生物柴油的丙酮排放要高于柴油，但排放量均较低。

　　③ 随着负荷增加，发动机的二氧化硫排放逐渐上升。随着燃油中生物柴油掺混比例的增加，二氧化硫呈逐渐下降趋势，纯生物柴油的二氧化硫排放大幅降低。

　　④ 随着生物柴油掺混比例的增加，发动机的二氧化碳排放略有降低。表明了生物柴油对降低温室气体有利，若考虑到其作为一种可再生燃料，可以实现二氧化碳排放的闭式循环，其对降低温室气体的效果更为显著。

　　⑤ 在大多数工况下，燃用生物柴油后，PAHs 的排放浓度均有下降。生物柴油的 PAHs 平均排放浓度比柴油低 26.9%，B20 的下降幅度为 10.0%。以 BaP（苯并芘）为标准，柴油、B20、生物柴油的毒性当量分别为 0.0052、0.0030 和 0.0016，生物柴油 PAHs 排放的毒性大大低于柴油，仅为柴油的 30.8%。

学习任务 3-4　其他清洁能源汽车

【任务引入】

　　压缩空气动力汽车（Air Powered Vehicle，APV），简称压缩空气汽车，是利用高压压缩空气为动力源，将压缩空气存储的压力能转换为其他形式的机械能，从而驱动汽车运行的。

　　太阳能汽车是一种靠太阳能来驱动的汽车。相比传统热机驱动的汽车，太阳能汽车是真正的零排放。

　　二甲醚汽车指以二甲醚为能源的汽车。

　　压缩空气汽车、太阳能汽车和二甲醚汽车由于排放污染物均比传统燃料车辆少，因而均被列入清洁能源汽车。

　　本学习任务主要介绍压缩空气汽车、太阳能汽车和二甲醚汽车的主要结构原理。

【学习目标】

1. 能够正确描述压缩空气动力发动机工作原理。
2. 能够正确描述压缩空气动力发动机动力分配方式。
3. 能够正确描述压缩空气动力汽车气动回路高压减压段减压原理。
4. 能够正确描述太阳能电池及太阳能电池板的结构原理。
5. 能够正确描述太阳能发电系统的工作原理。
6. 能够正确描述太阳能汽车的优点和缺点。
7. 能够正确描述二甲醚的特点及其应用于汽车可带来的益处。

【相关知识学习】

一、压缩空气汽车

压缩空气汽车属于气动汽车,除压缩空气汽车外,液态空气和液氮等吸热膨胀做功为动力的其他气体动力汽车,也属于气动汽车的范畴。

1.压缩空气动力发动机

压缩空气动力发动机(简称压缩空气发动机)是压缩空气汽车的核心,减压到工作压力的高压空气进入发动机气缸内膨胀做功。

除动力来源的不同,压缩空气汽车工作原理与燃油发动机汽车基本相同,其发动机的总体结构形式还是借鉴燃油发动机汽车现有的结构模式,主要还是往复活塞式、旋转活塞式等形式。图3-18所示为法国MDI公司的压缩空气汽车发动机的外观图。其中往复活塞式可用于小型车,旋转活塞式主要用于客车。

（a）往复活塞式　　　　　　　　　　　（b）旋转活塞式

图3-18　法国MDI公司往复活塞式和旋转活塞式压缩空气发动机

压缩空气发动机的动力分配方式有串联式、并联式和混合式。

（1）串联式

串联分配方式的气缸之间的空气动力管道是串联的,上一级气缸的剩余压力是下级气缸的始动力。该方式的下级气缸的结构尺寸较大,但动力利用率较高,热交换较充分。

（2）并联式

并联分配方式是气缸之间的空气动力管道是并联的，不同气缸的初始压力相同。并联方式的气缸的结构尺寸相同、动力输出平稳，但剩余压力稍高。

（3）混合式

混合分配方式是将部分气缸空气动力管道并联，然后再串联。这种动力分配方式兼有并联和串联的特点。

由于压缩空气发动机的工作类似于燃料发动机在燃料爆炸燃烧产生高温高压气体后推动活塞对外做功的过程，因此，在基本结构上也接近于燃料发动机，包括机体、气缸、活塞、连杆、曲轴和配气机构等部分。但压缩空气发动机的工作循环为简单的两冲程，即高压压缩空气进入气缸膨胀的做功冲程和将膨胀后的低压气体排出气缸的排气冲程。由于没有燃烧过程，压缩空气发动机机体不承受高温和超高压，机体强度也可减小，结构简单，重量轻，发动机不再需要冷却系统，制造及使用维护成本低。

压缩空气发动机进气为高压气体，且进气道压力始终高于气缸内压力，类似发动机气门向气缸内开启的配气结构，进气门将始终承受高压气体很大的背压。在压力超过气门弹簧的预紧力情况下，即使进气门处于关闭状态，高压气体也会将进气门顶开，发生泄漏，造成耗气量增大，排气冲程缸内气压升高，负功增加，整体功率和效率下降等不良效果。因此，在结构上，压缩空气发动机的配气机构必须适应高压进气的要求。

压缩空气发动机的工作特性具有起动及低速转矩大，随发动机转速升高输出转矩逐渐减小，而耗气量逐渐增大的特点，通常情况下进气阀打开后发动机即可运转并输出最大转矩，直接驱动汽车起步行驶。因此，在压缩空气汽车的集成中，传动系统适宜采用低减速比设计。

典型的压缩空气汽车气动回路如图 3-19 所示。回路的一端接高压储气罐，接触压力为超高压，另一端为中高压，接发动机的工作腔，两者间压差非常大，因此必须实行分级减压。

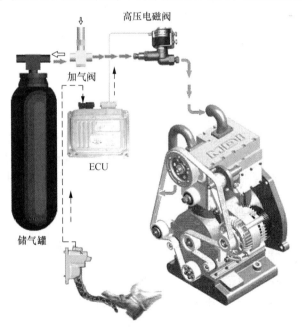

图 3-19 典型压缩空气汽车气动回路

二、太阳能汽车

1. 太阳能电池

太阳发射到地球大气层的阳光，被反射回太空约 30%，被大气吸收约 24%，被地面吸收约 46%。经研究计算，每天地面约接收到 157 W/m² 的太阳辐射。太阳每天提供给地球的能量是地球上任何能源所不能达到的，太阳能将是取之不尽、用之不竭的能源。从 20 世纪 70 年代开始，太阳能被应用到汽车上至今，世界上举办了多次太阳能汽车竞赛。

太阳能电池，也称为光伏电池，其基本结构如图 3-20 所示。在 n 型半导体的表面形成 p 型半导体，构成 p-n 结即形成太阳能电池，形成的 p 型层仅有 1～3 μm，太阳光照射到它的表面，透过 p 型层达到 n 型层 p-n 结处，就能够产生电动势，产生的电压约 0.5 V。太阳能电池的电流大小与太阳光照射强度的大小和太阳能电池面积的大小成正比。

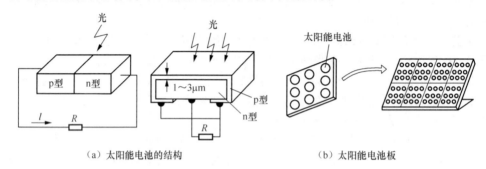

（a）太阳能电池的结构　　　　　　（b）太阳能电池板

图 3-20　太阳能电池的结构和太阳能电池板

太阳能电池的形状有圆形和方形，将很多个太阳能电池排列组合成太阳能电池板（也称为太阳能电池方阵、太阳能光伏阵列），就能产生所需要的高电压和大电流。太阳能电池的转换效率约为 10%。由于太阳能电池对能量的转换效率较低，需要进一步采用新材料和新技术来提高。在美国加利福尼亚的海滩，阳光充足，设有太阳能充电站，能够同时为 7 辆电动汽车同时充电，太阳能充电站已经得到广泛地推广。

太阳能电池有非晶硅、单晶硅和多晶硅，一般在太阳能汽车的顶棚上装置转换能力较强的单晶硅电池板组（多个电池板的组合），电池板组光电转换效率可达到 14.9%～15.2%，可产生 166～175 V 的电压、2.3～2.5 A 的电流和 360～380 W 的功率。每天按 8 h 的日照，太阳能汽车可获得 2.5～3 kW·h 的电能。可供太阳能汽车行驶 40～60 km，最高车速可达到 60～80 km/h。

瑞士联邦工学院米凯尔·格雷策尔研究的二氧化钛太阳能电池，在二氧化钛薄膜上涂一层感光层，当感光层受到光子撞击时，释放出自由电子并形成电流，用无定型有机材料代替电解液将电流输出。

到目前为止，太阳能在汽车上的应用技术主要有两个方面：一是作为驱动力，二是用作为汽车辅助设备的能源。作为驱动力这一应用方式，一般采用特殊装置吸收太阳能，再转换为电能驱动汽车运行。而作为汽车辅助能源，主要用在电气设备上。

2. 太阳能电池汽车基本原理

以太阳能电池接受阳光照射后产生的电能来驱动行驶的汽车，称为太阳能汽车。因为太阳能汽车为纯电驱动方式，所以也将其称为太阳能电动汽车。

太阳能汽车除太阳能电池外，需要配置动力电池、电机、控制器和自动阳光跟踪系统等。一一般情况下，汽车在运动时，太阳能转换后的电能被直接送到电机控制系统。但有时提供的能量要大于电机需求的电力，那么多余的能量就会被动力电池储存以备后用。当太阳电池方阵不能提供足够的能量来驱动汽车时，动力电池内的被储存的备用能量将会自动补充。当然，当太阳能汽车不运动时，所有能量都将通过太阳能电池板组储存在动力电池内。也可以利用一些回流的能量来推动汽车。当太阳能汽车开始减速时，换用通用的机械制动，这时电机将变成了一个发电机，能量通过电机控制器反向进入动力电池内进行储存。回充到动力电池中的能量是非常少的，但是却非常实用。

太阳能汽车的关键技术装备是太阳能电池板，目前，由于硅晶体的太阳能电池的转换率比较低，所能够提供的电能比较少，因此，太阳能电池板占据了很大面积，并且必须装置在太阳能汽车的顶部，如图 3-21 所示。而且大多数太阳能汽车只能承载一个驾驶人。由于太阳能电池的能量较小，而且受天气的影响，在阴天、下雨时，太阳能电池的转换效率降低或停止，有些太阳能汽车要与动力电池共同组成太阳能混合动力电动汽车。

太阳能汽车的太阳能电池板，只要能够受到太阳的照射，就能够不断地将太阳能转换为电能，并连续地向动力电池充电，可以无偿地获得电能，是一种价格低廉、零污染、取之不尽的理想能源。但太阳能电池板造价高，能量转换效率低，太阳能电池板占据了很大面积，整车布置较困难是目前太阳能汽车的缺点。

图 3-21 太阳能汽车

太阳能汽车耗能少，只需采用 $3 \sim 4m^2$ 的太阳电池组件便可使太阳能汽车行驶起来。燃油发动机汽车在能量转换过程中要遵守卡诺循环的规律来做功，热效率比较低，只有 1/3 左右的能量消耗在推动车辆前进上，其余 2/3 左右的能量损失在发动机和驱动链上；而太阳能汽车的热量转换不受卡诺循环规律的限制，90% 的能量用于推动车辆前进。

由于太阳能电池板输出的是直流电能，而动力电池也是直流充电，两者的结合更能提高整个系统的效率。太阳能电池系统工作原理如图 3-22 所示，太阳能电池板产生的直流电流流入控制器，会以某种方式给动力电池充电。动力电池的充电完全只是通过太阳能来实现的，以确保最大限度使用太阳能。太阳能电池板的输出端首先经过一个开关管（MOS 管）连接到 DC/DC 转换器，此 DC/DC 转换器的输出端连接到动力电池两端（实际电路里会先通过一个熔断丝再连到动力电池上）。加上开关管有两个作用：一是防止太阳能动力电池输出较低时由动力电池过来的反充电流；二是当太阳能电池板极性接反时起到保护电路的作用。控制系统不仅考虑太阳能电池板最大功率点电压和动力电池最大电压，而且同时得兼顾效率和成本。

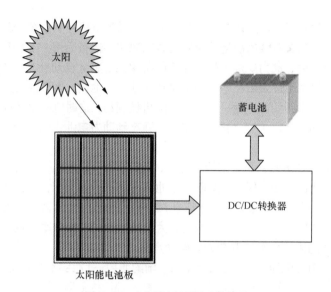

图 3-22　太阳能电池系统工作原理

　　太阳能汽车由太阳能电池板将太阳能转换为电能后，通过充电器向动力电池组充电，也可以由太阳能电池板直接提供电能，通过电流变换器将电流输送到驱动电机，带动驱动系统驱动汽车行驶，其驱动模式类似于串联式混合动力电动汽车（SHEV）。一般采用智能控制系统来控制其运行。

　　在太阳能汽车上所用的动力电池可以是铅酸蓄电池、镍氢蓄电池、锂电池等。

　　在太阳能汽车上最重要的组成部分就是电力系统，其基本功能是控制和管理整个系统中的电力。电力系统包括峰值电力监控仪、电机控制器和数据采集系统。峰值电力监控仪所需的电能来源于太阳能电池板，太阳能电池板把能量传递给动力电池用于储存或直接传递给电机控制器用于推动车辆行驶。当太阳能电池板正在给动力电池充电时，峰值电力监控仪会保护动力电池组不因过充电而被损坏。电机控制器控制电机的起动，而电机起动信号是来自驾驶人的加速踏板。对电机控制器电力管理是通过程序来完成的。很多太阳能汽车使用精确数据检测系统来管理整个太阳能汽车的电力系统，其中包括，太阳能电池板、动力电池组、电机控制器和电机。从监控系统获得的数据常常用来判断太阳能汽车的状况，并用来解决太阳能汽车出现的问题。

三、二甲醚汽车

1. 二甲醚的特点

　　二甲醚（DME）又称甲醚，是由氢气和一氧化碳通过化学反应合成的，化学式为 CH_3OCH_3。DME 在常温常压下是一种无色气体，具有轻微醚香味。此外 DME 作为一种含氧燃料，压缩性高，常温时可在 0.5 MPa 时液化，具有与液化石油气相似的物理特性。

　　DME 具有良好的燃烧性能，可以替代柴油用作清洁的汽车燃料。DME 具有相当高的十六烷值，能在发动机气缸内与空气迅速混合形成可燃混合气，因此发动机爆发力大，机械性能好，非常适合于压燃式发动机，可应用在城市公交车、出租车、家庭用车上，其动力性能与 93 号汽油相当，有优良的性价比，燃料成本可降低 10%。

　　DME 的排放性能优于 LPG。由于 DME 分子结构中无 C—C 键的存在且其本身含氧量高达 34.8%，使得 DME 容易氧化燃烧，并在燃烧过程中基本无炭烟形成，CO、NO_x 排放较少，不需要任何特殊处理即可达到相关排放标准，因此是一种理想的清洁燃料。可以替代柴油作为柴油汽车燃料，这是其他同类替代燃料不具备的优势，排放指标不仅满足欧 III 标准，而且接近欧洲 2005 年实施的排放标准和美国加利福尼亚州超低排放标准。

以 DME 作为燃料的柴油机与直喷式柴油机热效率几乎相同，运转柔和。DME 作为超低排放代用燃料已经引起国内外行业的关注。不需要辅助点火装置，炭烟排放为几乎零。在低燃油喷射压力下即可很好地燃烧，并且 DME 发动机的噪声低于普通柴油机，接近汽油机。

同时，DME 在燃料体积上相比其他替代燃料有很大的优势。在行驶相同里程数时，所花费的燃料体积是柴油的 1.7 倍，但比乙醇、LNG 等体积都小。

DME 相变潜热比柴油高，液相 DME 蒸发而吸收热量比柴油更加显著，可以达到降低燃烧室内混合气的温度，有利于减少 NO_x 的排放。

DME 的饱和蒸气压力比液化石油气低，DME 装置的设计承载压力为 1.2 MPa，而液化石油气的承载压力为 1.77 MPa。DME 在空气中的爆炸下限比 LPG 高出 1 倍。所以 DME 在储存、运输、使用上比 LPG 更加安全。

DME 可以和柴油以任何比例混合成高十六烷值的燃料。混合 10% 左右 DME 可使炭烟排放降低接近 30%，NO_x 和 HC 排放也略有减少，柴油和 DME 混合可获得良好的润滑和雾化性能。

与多种燃料比较，DME 具有以下特点。

① 十六烷值高，作为柴油发动机的燃料，发动机热效率高，排放低。

② 自燃温度与柴油基本差不多，所以 DME 在柴油发动机本身结构无须变动的情况下，就能够压燃。

③ 热值比柴油低，其热值仅为柴油的 70%。

④ 黏度低，与液化天然气相当。

⑤ DME 发动机能够同时实现多种排放物的降低，不需要尾气后处理，很容易达到排放法规要求。

2. DME 汽车的基本结构

现阶段，DME 一般用在柴油机上，因此 DME 汽车一般在载货汽车或者大客车的基础上改制而成。例如，以上海申沃客车有限公司 SWB6115-3 系列城市公交客车为基础进行改制，在设计上主要采取以下措施。

① 采用两只 DME 燃料罐，其中一只为主燃料罐，布置在车辆左侧前、后轮之间纵梁旁，另外一只辅燃料罐布置在车辆右前轮后、中客门之间的纵梁旁，如图 3-23 所示。

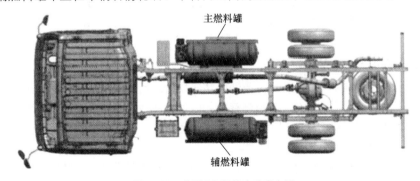

主燃料罐

辅燃料罐

图 3-23 典型 DME 汽车底盘布置

② 仪表板上增加了泄漏报警器。在每只 DME 燃料罐上方和发动机上方设燃气泄漏报警传感器，以便及时发现可能发生的 DME 泄漏。

③ 在仪表板上增设 DME 管路压力指示灯并调整发动机起动电路。当车辆电路接通后电动增压泵首先工作，当 DME 管路压力达到要求后，压力指示灯亮，发动机方能起动。

④ 拆除原燃油箱和供油管路，适当调整蓄电池位置。

⑤ 为满足燃料电动增压泵对 12 V 工作电压的要求增加 DC/DC 转换器。

国外研究二甲醚汽车的院校及科研单位，主要将使用 DME 的柴油机用作轻型货车或重型载货汽车的动力。日本五十铃的一款 DME 轻型载货汽车的设备布置原理如图 3-24 所示。

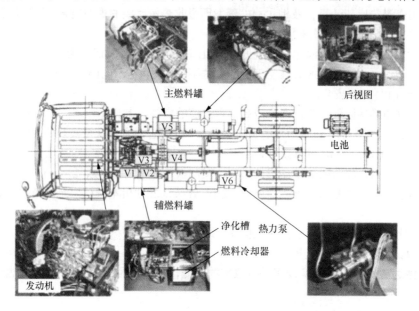

图 3-24　DME 轻型载货汽车设备布置原理

3. DME 发动机

DME 发动机作为 DME 汽车的核心，研究其结构改进有着重要意义。

国内外关于 DME 作为柴油机代用燃料的研究重点集中在如何开发适合 DME 燃料特性的发动机，实现高效清洁燃烧。丹麦技术大学、美国阿莫科公司（AMOCO）、奥地利李斯特公司（AVL）和日本产业技术综合研究所（AIST）等在柴油机上先后进行了燃用 DME 的试验研究，结果表明，燃用 DME 燃料的发动机，在保持原柴油机效率和动力性的前提下，NO_x 显著下降，PM 排放几乎为零。

4. DME 汽车的燃油供给系统

在 20 世纪 90 年代初提出 DME 作为柴油的替代燃料之后，国内外首先试验研究如何改动原柴油机的供油系统，使其参数优化，并验证获得的性能及排放指标。由于采用了现代的试验鉴别技术及计算机数值模拟分析方法，对 DME 燃料的供油参数的优化及燃烧过程的分析等方面获得大量的试验研究成果。

从图 3-24 中可以明显看到，DME 汽车的供油系统主要由液化 DME 燃料罐、油泵压力调节器、燃油冷却器、燃油过滤器、喷油泵、截止阀和回油冷却器等管路系统组成。图 3-25 是一个详细的剖面图，其中关键组件是喷油泵和压力调节器。

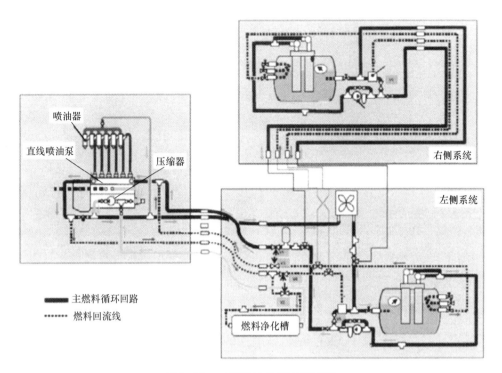

图 3-25 二甲醚汽车的燃油供给系统

参考文献

[1] 殷承良，张建龙. 新能源汽车整车设计[M]. 上海：上海科学技术出版社，2013.

[2] 许崇良，张传发. 电动汽车与混合动力[M]. 济南：山东大学出版社，2013.

[3] 曹振华. 混合动力汽车原理与维修技术[M]. 北京：电子工业出版社，2014.

[4] 蔡兴旺. 新能源汽车结构与维修[M]. 北京：机械工业出版社，2014.

[5] 崔胜民. 新能源汽车技术[M]. 北京：北京大学出版社，2014.

[6] 徐艳民. 电动汽车动力电池及电源管理[M]. 北京：机械工业出版社，2014.

[7] 段敏. 电动汽车技术[M]. 北京：北京理工大学出版社，2015.

[8] 张进华. 中国汽车技术发展报告[M]. 北京：北京理工大学出版社，2015.

[9] 中国汽车工程学会，丰田汽车公司. 中国汽车技术发展报告（2014—2015）[M]. 北京：北京理工大学出版社，2015.

[10] 李传. 新能源汽车构造原理与故障检修[M]. 北京：化学工业出版社，2015.

[11] 王庆年，曾小华. 新能源汽车关键技术[M]. 北京：化学工业出版社，2016.

[12] 银石立方科技（北京）有限公司. 新能源汽车概论[M]. 北京：人民交通出版社，2016.

[13] 吴晓斌，刘海峰. 新能源汽车概论[M]. 北京：人民交通出版社，2017.

[14] 包科杰，徐利强. 新能源汽车维护与故障诊断[M]. 北京：人民交通出版社，2017.

[15] 赵金国，李志国. 新能源汽车高压安全与防护[M]. 北京：人民交通出版社，2017.

[16] 朱学军. 混合动力汽车结构与检修[M]. 北京：人民交通出版社，2017.

[17] 唐勇，工亮. 新能源汽车电气技术[M]. 北京：人民交通出版社，2017.

[18] 官海兵. 新能源汽车高压安全及防护[M]. 北京：人民交通出版社，2018.

[19] 钱锦武. 新能源汽车储能装置与管理系统[M]. 北京：人民交通出版社，2018.

[20] 侯涛. 纯电动汽车结构与检修[M]. 北京：人民交通出版社，2018.

[21] 李丕毅. 新能源汽车电子电力辅助系统[M]. 北京：人民交通出版社，2018.

[22] 张利，缑庆伟. 新能源汽车驱动电机与控制技术[M]. 北京：人民交通出版社，2018.